近世イギリス社会と
アメリカ移民

血色｜帝国

近代英国社会
与美洲移民

〔日〕川北稔 著
傅羽弘 傅干耘 译

图书在版编目（CIP）数据

血色帝国：近代英国社会与美洲移民／（日）川北稔著；傅羽弘，傅千耘译. -- 北京：九州出版社，2023.7
　ISBN 978-7-5225-1943-2

Ⅰ.①血… Ⅱ.①川… ②傅… ③傅… Ⅲ.①英国—历史—研究 Ⅳ.①K561.07

中国国家版本馆CIP数据核字(2023)第120063号

MINSHU NO DAIEITEIKOKU: KINSEIIGIRISU SHAKAITO AMERIKA IMIN
by Minoru Kawakita
© 1990, 2008 by Minoru Kawakita
Originally published in 2008 by Iwanami Shoten, Publishers, Tokyo.
This simplificd Chinese edition published 2023
by Jiu Zhou Press, Beijing
by arrangement with Iwanami Shoten, Publishers, Tokyo
著作权合同登记号：图字01-2022-6039

血色帝国：近代英国社会与美洲移民

作　　者	［日］川北稔　著　傅羽弘　傅千耘　译
责任编辑	段琪瑜
出版发行	九州出版社
地　　址	北京市西城区阜外大街甲35号（100037）
发行电话	（010）68992190/3/5/6
网　　址	www.jiuzhoupress.com
印　　刷	三河市东方印刷有限公司
开　　本	880毫米×1230毫米　32开
印　　张	8.625
字　　数	150千字
版　　次	2024年7月第1版
印　　次	2024年7月第1次印刷
书　　号	ISBN 978-7-5225-1943-2
定　　价	52.00元

★版权所有　侵权必究★

中文版新序

北美殖民地，特别是美洲大陆北部的殖民地，对近代的英国社会意味着什么？如果印度和北美的南部殖民地不供应棉花，加勒比海的奴隶种植园不供应蔗糖，那么，英国显然就不可能发生工业革命，"工业资本家"的崛起更是无稽之谈。因此，这些种植园式殖民地的存在意义也就不难理解了。

但是，新英格兰等美洲大陆北部的殖民地有些并没有提供棉花和蔗糖这样的世界通用商品，它们的存在对大英帝国来说又意味着什么呢？同样，作为白人定居点的澳大利亚和加拿大（也就是克罗斯比所说的"新欧洲"）也存在这个问题。

为了弄清这个问题，本书将回答英国哪个阶层的人出于什么目的殖民了诞生美利坚合众国的英属北美殖民地。

另一方面，回答这个问题同时也为美国的前史提供了一些视角。人们一直认为，北美的英属殖民地是由独立思想强烈的"中产清教徒"组成的。他们为了逃避政府的宗教镇压，意气风发地离开自己的祖国去寻找新天地。但从英国方面的情况来看，这种看法显然只是一种神话。

然而，这些所谓的"朝圣者"并不是17、18世纪从英国前往美洲的典型。

从英国方面来看，这些由白人定居的殖民地的最大作用是成为英国"社会问题"（如贫困和犯罪）的"垃圾场"，清教徒等宗教异己分子也是这些社会问题的组成部分。

在第二次世界大战后，特别是在日本成为压倒性主流的历史学观点中，欧美的近代化历史被视为是日本应该走的理想道路。尤其是英国实现了世界上第一次市民革命，并取得了第一次产业革命的成功，从而，英国的历史被认为被当成战后日本应该学习的榜样。在日本学界勾画的历史图景中，英国贵族被理想化为中产阶级生产者，并认为他们所拥有的禁欲且勤奋的清教徒精神是英国走向成功的关键。同时还认为英国之所以能够独立于其他国家和地区而取得成功，是因为他们的勤劳和理想主义。

但是，这种观点（即"一国史观"）完全忽视了16世纪末以来英国积极对外扩张并不断扩大殖民的现实。可以

中文版新序

说，英国现代化历史的秘密就在于其密切的对外关系。基于这样的想法，我在半个世纪以前成立了"大英帝国历史研究会"，并从以上观点出发开展了研究。其中，作为种植园型殖民地的典型，我写了《砂糖的世界史》，这本书以易于阅读的形式介绍了加勒比海的砂糖殖民地的情况。不同的是，在本书中，我从白人定居型殖民地的角度出发，进行了深入探讨。

这本译作的出版得益于浦立新的非凡努力，他曾是我在大阪大学研究室的优秀研究生。在此，我向浦先生和原著的出版商岩波书店表示衷心的感谢，同时也期待这部译作能够被中国乃至东亚的读者广泛阅读。

2023 年 11 月
于日本京都（长冈京市）

序

近代英国民众所生活的帝国

19世纪初,英国率先进入了人类历史上前所未有的工业化时期。彼时,一个叫作迪克特的法国社会学者为了考察工业与社会情况来到了英国,他曾惊叹道:"在英国,(即使是平民)每家每户都至少有一个人去了海外。"迪克特的这一见闻对我们研究近代英国社会的发展具有很大帮助。

18世纪的英国是世界上第一个做好工业化准备的国家。当时的英国社会不论在政治、经济还是文化领域,都是全方位由"绅士"(gentleman)统治着的,而绅士拥有的领导权在许多方面都是靠帝国体制维持的,这种帝国体制正是英国近代史的特质之一。不过,迪克特的论述中还暗含着另一个信息，即，与这种"帝国—殖民地"统治体制密切相关的不仅是处于统治地位的绅士阶层，也包括广大的社会最底层。换言之，"帝国—殖民地"统治体制对所有英国人的生活都具有相当大的影响。因此，本书将探讨当时正稳步发展的大英帝国（以美洲、西印度群岛为中心的所谓"重商主义"帝国）的形成过程对于17、18世纪的英国民众具有怎样的意义。

对于绅士乃至接近绅士的阶层来讲，殖民地就是他们的致富之地，同时也是他们提升自己社会地位的台阶，而对于穷困潦倒的贫民来讲，殖民地是他们作为移民的最终落脚点，同时也是他们最后的生存机会。因为在当时的殖民统治时期，殖民地作为栽培经济作物的种植园需要大量的劳动力，从而吸引了大量贫民蜂拥而至。另外，对于因穷困而走上犯罪道路的贫民来讲，殖民地则是难以逃脱的牢笼。一些不堪忍受生存之苦的学徒或失业农民当了海军士兵，因为当时的对法战争多发生在殖民地，所以士兵被派往新大陆的机会很多。一旦战争结束，士兵中的大多数人便沦为流浪者或成为犯罪分子，最终也被统治阶层强制流放到美洲。还有，在伦敦弃婴收容所里长大的孩子，以及在教区长大的贫民的孩子，被强制送往美洲的也不在少数。

总之，走向工业化的英国将其国内产生的所有社会问题都以甩给新大陆殖民地的方式来处理，于是，殖民地便成为这些穷困潦倒的贫民们的最后归宿。归根结底，在当时构成移民主力的是那些以契约雇佣形式赴美洲的英国民众。基于此，笔者将从这一点入手，考察当时出现了契约劳工移民的英国社会，考察其民众的实际生活状态的本质。

这里所说的"契约劳工"正是17、18世纪从英国或其他欧洲国家漂洋过海到美洲的移民。经办移民事务的代理人不为移民垫付旅费和生活费，而是强迫他们在美洲种植园劳动四年，以抵消该费用。据说这类移民的数量占据美洲移民总数的三分之二，他们是构成"美国人"的最大成分，故而研究美国人的学者自然对这一问题颇感兴趣。顺便说一下，到了19世纪，奴隶制被废除之后，全球都以契约劳工的形式大规模地获取劳动力，然而这种情况后来在美利坚合众国却销声匿迹了，即使在加勒比海地区强制劳动的情况也大为改观，因此，按照E.威廉姆斯的说法，"契约劳工"改称为"契约劳动者"更为贴切。另一方面，在欧洲，特别是在英国，"契约劳工"的问题被提出来是理所当然的。虽然这是英国社会史中显而易见的问题，但是英国的研究人员却对此问题的兴趣并不太大。在日本学界，除去主要基于美国视角进行研究的池本幸三之外，有关契约劳工的研究尚未正式开展。

因此，本书首先将契约劳工问题作为英国社会史研究的一个课题来思考。如前所述，当时的英国是通过强制流放的方式来处理社会问题乃至对社会进行控制的，而这种方法也反衬出该时期英国平民的生活状态。或者也可以理解为在17、18世纪的英国，"穷困潦倒"的平民已经脱离了他们传统的生活方式，并形成了几条不同的出路。例如，有的人走上了卖淫或盗窃的犯罪道路，有的人进入城市沦为乞丐或流浪者等。然而，英国的世界帝国格局是伴随着断断续续的英荷战争、英法战争逐渐形成的。虽然在这一过程中其他地区或国家对英国贫民未必是开放的，但可以推断的是，这些贫民有一些得以逃离英国的特殊渠道。例如，有人趁战时扩大征兵时入伍，特别是加入海军而去到国外；有的人在战后以契约劳工的身份移民到作为"战果"的殖民地去。实际上，士兵人数与犯罪数量，甚至同失业人数、移民人数之间都存在着复杂的关系。虽然，"穷困潦倒"的人们背井离乡的现象在历史上是极为常见的，然而，在不到一个半世纪的时间里，数十万人不惜漂洋过海，成为丧失自由的劳工的情形，不论在哪个时代、哪个国家都未曾有过。从这个意义上来讲，契约劳工的问题是17、18世纪英国社会的历史特征，并如实地反映出了当时英国的社会状况。同时，也反映出近代世界体系的正式形成和英国开始登上世界中心位置的事实。而这一过程是在属地进行的砂糖、烟草等主要经济作物的生产、各个核心国家的商人开展的贸易以及属地人民的消费为主要活动的。

当然，在思考盎格鲁美洲（Anglo-America）世界的形成历史的时候，契约劳工移民是一个最为重要的话题。之所以这么说，是因为以往的传统理解是教科书式的、通俗的，而且是一种过于偏向清教徒的、新英格兰的观点。然而，本书并不谈论到达美洲之后的契约劳工的问题，因此，并不会对该问题进行深入探讨。

表0-1 契约劳工移民的六种史料

资料序号	资料名称（手写本：所在地整理编号）	左侧全部或部分的出版史料	记载内容	记载人数
史料一	Lord Mayor's Waiting Book, vols. 13&14. [Coporation of London Rscord Office] 1682—1695年	M.Ghirlli.ed. *A List of Emigrants from to America 1682-1692* (1968) M.J.Chandler, Emigrants from Britain to the Colonies of America and West Indies, *J. of Barbados Museum & Hist. Soc.*, XXXVI(1976)	详细记载了父亲、母亲和证人的信息	878人

续表

资料序号	资料名称（手写本：所在地整理编号）	左侧全部或部分的出版史料	记载内容	记载人数
史料二	Plantation Indentures [Greater London Record Office](MR/E) 1683—1684年	C.D.P.Nichoison ed., Some Early Emigrants to America, Generalogists Magazine（以下缩写为G.M.）vol.12 no.1～vol.13 no.8,1955-1960（1955年为单行本）J.Wareing. Some Early Emigrants to America 1683-1684:A Supplemenntary List, G.M.vol.18 no.5(1976)	该类史料为契约书，有4种格式，原本为1000份，一部分流散到了美洲西印度群岛	812人
史料三	Memoranda of Agreements to in America and West Indies [Guildhall Lib.] 1718—1759年	J.& M.Kaminkow,ed., A List of Emigrants from England to America 1718-1759(1964) D.Galenson,ed., Greements to serve in America and West Indies,G.M.vol.19 no.2(1979)	有若干关于孤儿的信息	3163人
史料四	Weekly Emigration Returns [P.R.O.Kew,T 47/9～12] 1773—1776年	G.Fothegill ed., Emigrants from England 1773-1776(1964) V.C.Cameron, Emigrants from Scotland 1774-1775(1965)	面向全世界的"出国者调查"，出版史料中只有与美洲西印度群岛相关的记载	3359人（所有港口的契约劳工）
史料五	Liverpool Records of Corporation of Liverpool 1697—1707年	New England Historicaland Gencalogical Register vols,64& 65（1910-11）（1969年的资料为单行本）	—	1443人

续表

资料序号	资料名称（手写本：所在地整理编号）	左侧全部或部分的出版史料	记载内容	记载人数
史料六	Bristol 9/1654～6/1686. Bristol R.O. Bristol, Servants to Foreign Plantations	*Bristol and America:A Record of the First Setters in the Colonies of North America 1654-1685*	后半部分只记录了人名，前半部分记录的信息较多	10632人

现存的契约劳工史料可以大致分为六大组，合计有两三万人的信息记录（表0-1）。据推测，契约劳工人数有30万甚至40万之多，因此，现存史料的记录仅占这些移民总数的5%或10%。在人数方面，表0-1的史料六显示的是由布里斯托尔港（Port of Bristol）出发的人数，是史料记载中人数最多的。表0-1的史料一到史料四表示的是由伦敦港出发的人数，虽然人数不及布里斯托尔港，但是这部分史料中却包含着大量的实质性信息。另外，因为没有得到表0-1的史料五和史料六部分的手稿，所以，本书只能以包括米德尔塞克斯[①]在内的伦敦的四组史料为基础进行分析，但另外两组已出版的史料也可供利用。

在这六组史料中，除去表0-1的史料四之外的五组史料都是由当时专门设置的登记所制作的契约雇用的契约

---

① 米德尔塞克斯（Middlesex），英格兰东南部旧郡，滨泰晤士河。——译者注

书原件或者记录，不过，只有表0-1的史料四是对一些以其他目的出国者的调查资料，而且这部分人的数量也很庞大。了解这两组史料的形成过程，对于研究契约劳工移民所处历史环境的前提很有意义，所以，笔者打算从这里着手探讨。

劳工契约书（表0-1中的史料二、三、五）

在当时，英国民众一旦申请成为契约劳工，其出发前的食宿皆由代理人提供。然而，在临行前却有许多当事人声称自己是"受他人拐骗"，因而最终拒绝登船及赴劳役，由此引发颇多诉讼案，于是，由不堪其苦的代理人们发起并设立了契约劳工登记所。笔者将在后文中谈及17世纪英国港口城市的"拐骗行（spirit）"有多么猖狂。1664年9月，伦敦一个叫作罗杰·威特利（Roger Whitley）的人获得了第一个"契约劳工登记所"的建立许可证。然而，这种方式并不是很成功。1682年，为了顺应牙买加商人的要求，英国发布了枢密院法令。根据该法令，采取由契约劳工当着市长的面或当着治安法官等人员的面与代理人签订契约的方式，而且成年人由本人（法令第三项）亲自签订，未成年人则由为其作担保的成年人（法令第四项）代为签订。在这种制度下形成的契约书（通常使用既成的形式）属于劳工契约。除了一些特殊的全文手写的契约之外，可以确认的契约书共有三种，后文将提及从这些契约书中可以找到判断契约劳工社会出身的线索。

这项枢密院法令的开头部分对临行前拒绝登船赴劳役的情况做了如下说明。其中既有"俗称拐骗者之下流之徒以甜言蜜语诱骗国王陛下之众多臣民登船并以暴力限制其人身而运抵美洲殖民地"的情况，也有"虽本人自愿出境服劳役并支付押金，然临行之时却称受他人欺骗而有违本人意愿并委托友人提起诉讼……无赖之人亦不在少数"的情况。然而，即便有了枢密院法令，商人和移民代理人依然感到不安。于是在1717年，以著名重商主义理论家G.基伊为核心推动制定了议会法案，使商人和移民代理人的行为得到了进一步的保护。该法案被称为是"彻底防止强盗、夜盗及其他重罪行为发生，更加有效地实施对重罪之人以及走私羊毛出境商户的流放，此外，部分涉及防范海盗的法律"（以下称"罪犯遣送法"或"重罪防治法"）。后文将对以"被强制的契约劳工"的形式实施罪犯遣送（流放）的问题进行分析，届时笔者将会再次提及这项名称有些古怪的法律，其中表0-1的史料三就是该法施行之后的数据。在该法第五条里，对有关未成年人的契约劳工的契约做了如下规定："未满 21 岁之未成年者，游荡于伦敦及各地且无职业者……虽多数好吃懒做而易沦为盗窃犯，或本人愿赴美洲等殖民地做劳工，然其并无签署契约资格，因而即便以商人名义将其送至美洲做劳工亦不安全。……故而规定如下。15 岁以上未满 21 岁者，如其本人希望赴美洲殖民地，并具有在当地做劳工之意愿者，与其以商人或其他身份、以八年为限签署劳工契约当为合法。"按照该法，签约者将与成年人一样，要当着市长或治安法官的面签署契约。如此一来，我们所看到的史料大多数都是一些为充当代理人的商人或船长着想而制作的文书。

图 0-1 契约雇佣劳工移民的契约书样式之一

序　近代英国民众所生活的帝国

其实，在殖民地形成初期存在着许多"拐骗"的情况，而且几乎在全国都有这些情况的传言，下面列举其中的二三例。在17世纪中期，一个贫农家的孩子叫爱德华·巴罗，虽然他梦想当一名水手，可是他无法抗拒父亲的安排，只能在伦敦的伯父家做跑腿的杂工。一天，他在走过伦敦桥回家的途中，一名男子靠近了他。巴罗讲述道："那个人问我'想去大海吗？'我说当然想去，可是没人带我去。那个人又说，我再带你去。他还说要去的地方叫巴巴多斯①，还说他自己是一个船医。"巴罗欣喜若狂地回到家里，把事情告诉了伯父。结果伯父告诉他那个人是"拐骗行"的，也就是骗人去美洲做契约劳工的骗子。后来，巴罗当上了水兵，几乎走遍了全世界，他留下的自传是反映当时状况的极为珍贵的资料。

还有史料记录显示，在爱尔兰开设集市的城镇上，有人通过吹笛子或敲鼓征集契约劳工，不少人因此失去了年幼的孩子。在苏格兰也一样，以港口城市为中心发生过无数起"拐骗"案件。有一个叫皮特·威廉姆森的人，他

---

① 巴巴多斯（Barbados），位于东加勒比海小安的列斯群岛最东端，1966年11月30日独立建国，是英联邦成员。——译者注

11岁时在阿伯丁①被人拐走,并以16英镑卖给了开荒的移民,后来又被印第安切诺基族抓到,命运坎坷的他最终竟然回到了英国。他于1785年出版了自己的手记,在当时的英国引起了不小的轰动。虽然政府将他的手记列为"禁书",然而其传奇经历却已经无法消除。19世纪末的英国历史书中也曾记述,在1740年的饥荒年代,许多人被以1先令卖掉,被拐骗的人更达到数百人之多。不过,威廉姆森讲述的有关印第安人的事情本身与建设詹姆斯敦②的约翰·史密斯③船长的"波卡洪塔斯"④传说,与率领族人远比哥伦布更早到达新大陆的北威尔士王子及其子孙的"玛杜克传说"有相似之处,但这些传说应该都是不

---

① 阿伯丁(Aberdeen),英国苏格兰地区的主要城市之一。——译者注

② 詹姆斯敦(Jamestown),位于弗吉尼亚郡东南部,是由约翰·史密斯于1607年5月24日率领105名英国人来到美国弗吉尼亚郡建立的英国在北美的第一个海外定居点。——译者注

③ 约翰·史密斯(1580—1631),早期英国殖民者、探险家,1607年5月24日,他率领三艘船,大约105名英国人登陆美洲,在弗吉尼亚建立了英国在北美的第一个海外定居点詹姆斯敦。——译者注

④ 波卡洪塔斯(Pocahontas)是波瓦坦(Powhatan)之女,波瓦坦是住在维吉尼亚州的亚尔冈京印第安人的一位重要酋长。——译者注

可信的。特别是《绅士杂志》在1740年刊登了一个叫摩根·琼斯的一封信，信中声称他自己被印第安人抓获，后被玛杜克后人解救。大概，威廉姆森是据此演绎出了自己的经历。不过，如果移民和"流浪者"的问题常与"拐骗"的传说和轶事联系在一起的话，这一点就值得被关注。

契约劳工的官方记录（表0-1中史料一及史料六）

契约劳工的契约书通常是在由政府颁发特许证而获得登记权的特定登记所或在市政当局的人员面前签署的，所以，除契约书之外，市政当局的文件中也会保留相关记录。布里斯托尔(Bristol)市的文件（史料六）和伦敦市长办公日志（史料一）就属于这类记录文件。在最早期的而且是记录人数极多的布里斯托尔市的史料文件中，其第二卷的题目页上写着1645年会议的命令"警惕有人向海外拐骗儿童"，在下一页上抄写着1654年布里斯托尔市议会的指令。由于不断有人对拐骗进行投诉，所以该指令规定必须将所有契约劳工的契约书登记在被称为"Tolzey Book"的官方日志中，同时规定对违反指令的代理人处以20英镑的罚金，罚金的四分之一奖励给举报人，余款用于救济穷人。1653年，11岁的罗伯特·布鲁姆被"拐骗行"骗到船上，因其父母提出控告而最终获救。这件事的解决在很大程度上得益于此类政策的实施。不过，这些史料的后半部分记录得相当简略，导致每个当事人的信息都不够充分，因此，在解读史料方面便遇到许多问题。

出境者调查报告（表0-1中史料四）

到18世纪为止，英国进行的大规模出境人员调查可以确定的有两个时期。第一个时期是在1635年基于国王布告的调查，另一个时期就是本书将要探讨的在美国独立战争前的几年时间里进行的调查。出入境管理问题是表明一个近代国家确立的指标之一，具有非常重要的意义。然而，依笔者的观点，有关英国近代史的这一课题几乎还没有人研究。总之，英国在近代采取了依据1606年的"便于侦查和镇压不遵奉国教者之法"，以防止天主教重要人物逃往境外的措施，该措施堪称英国正式进行出入境管理的开始。同时，1635年的布告规定："除士兵、船员、商人及其代理人、学徒以外的任何人……无特别许可而欲离开王国者，禁止出境，违者处以重罚。"换言之，较之以往取得特别护照的条件变得更加具有强制性了。1636年

1月，国王给予托马斯·梅休①护照发放权，使其承包了该项业务。该布告至少直到内乱发生之前一直是有效的，而且在伊夫林②1641年7月16日的日记中也记述了申请去美洲大陆的事情，因此是可信的。另外，出境者目录中也有关于东部大阿玛斯港1637—1639年的记录，表明该地区与荷兰关系密切，也为了解早期赴美移民的实际情况提供了珍贵的史料。

另外一项调查为我们提供了有关契约劳工移民的完整而且重要的信息。这些史料就是从1773年到1776年要求每周报告从全国各港口出境人员情况并最终汇总到伦敦的报告。不过，也有的报告罕见地将"旅行者"和"移居者"区别开来并将前者忽略掉（例如，来自利物浦港的1774年1月20日的报告就据此没有报告去爱尔兰和马

---

① 托马斯·梅休（Thomas Mayhew，1593—1682。或译为托马斯·梅西），出生于英格兰，美国殖民者，是马撒葡萄园岛，即漫沙温雅德岛（Martha's Vineyard）的殖民者和总督。——译者注

② 约翰·伊夫林（John Evelyn，1620—1706），英国作家，英国皇家学会的创始人之一。他终生坚持日记写作，他的《日记》是为自己写的，但日记内容却很少谈及他本人。《日记》中既有对事件的单纯记录，也有精心撰写的文艺小品，包括对地方、事件和当代人物的描写。此外，他曾撰写过有关美术、林学、宗教等著作三十余部。——译者注

恩岛的人），因此，是否如在伦敦负责汇总的海关官吏所附史料的题目中表述的那样，称该目录登记的是"所有的"出境者？在这一点上，这些史料还存在一些疑点。

正如后文中谈及的那样，事实上当时是人口开始急剧增加的时期，然而奇怪的是英国的人口却不断减少，甚至有人发出该情况将使英国陷入经济、军事危机的强烈警告，因此，这个时期也被称为引发"人口争论"的时期。人口争论的本身促进了社会统计学的发展，而人口统计学为下一个世纪的社会改革提供了有力的武器。虽然人口争论最终以人口增加论获得胜利而告终，但是现实却是人口减少论给社会以冲击，迫使政府采取政策应对。例如，促使乔纳斯·汉威（Jonas Hanway）产生收容弃儿和流浪儿想法的一大要素就是受到了该论调的刺激。（参见本书第四章）

序　近代英国民众所生活的帝国

表 0-2　第 1 周（1773 年 12 月 11 日—18 日）

出境港口	目的地	年龄	身份	出行目的
伦敦〔118人〕	牙买加	17	绅士贵族	—
		19	绅士贵族	—
		20	绅士贵族农场主	—
		18	绅士贵族	见父亲
		22	面包匠	求职
	多米尼加	32	会计师	求职
	格林纳达	26	律师	—
	拒绝作证 1 人（绅士，赴西印度群岛）①	—	—	—
	弗吉尼亚	—	104 名，均为契约劳工②	—
	根西③	42	绅士贵族	会友
		—	疑似该人妻子	

① 虽然各港口拒绝做证的人数极多，而从多佛到加莱的人几乎全部拒绝做证，其理由不详。

② 从伦敦到弗吉尼亚的契约劳工中，10 余岁以上的有 8 人，20 岁—24 岁的有 47 人，25 岁–29 岁的有 25 人，40 岁年龄段的有 4 人。

③ 根西（Guernsey，也译为格恩西）岛是英国王室的海外属地，位于英吉利海峡靠近法国海岸线的海峡群岛之中，同周围一些小岛组成了根西行政区（Bailiwick of Guernsey）。——译者注

续表

出境港口	目的地	年龄	身份	出行目的
伦敦〔118人〕	鹿特丹	45	贸易商	工作
	阿姆斯特丹	20	绅士贵族	求职
多佛〔13人〕	加莱	40	仆人	归国
		25	绅士贵族	工作
		25	绅士贵族	工作
	汉诺威	34	绅士贵族	归国
		30	绅士贵族	归国
	巴黎	30	绅士贵族	疗养
		34	绅士贵族	工作
		24	贵族妇女	游玩
		35	绅士贵族	工作
	敦刻尔克	38	绅士贵族	工作
	勒阿弗尔①	30	绅士贵族	工作
	勃艮第	36	绅士贵族	工作

---

① 勒阿弗尔(Le Havre)，法国北部海滨城市，市区位于法国五大水系之一的塞纳河的入海口北侧，是距离法国首都巴黎最近的大型港口。勒阿弗尔由法兰西国王弗朗索瓦一世于1517年正式建成城市与港口，发展迅速，成了法国前往大不列颠岛的重要码头之一。新航路开辟后，勒阿弗尔港曾成为黑奴贸易中的一个大型交易口岸。——译者注

序 近代英国民众所生活的帝国

续表

出境港口	目的地	年龄	身份	出行目的
利物浦 〔4人〕①	牙买加	33	绅士贵族、贸易商	工作
		20	绅士贵族、贸易商	工作
		28	贵族妇女	与丈夫团聚
		25	黑人奴隶②	—
皮尔〔布里斯托尔〕	多巴哥	50	贸易商	工作
	都柏林	约30	另有引水员1名	—
索思沃尔德	阿姆斯特丹	38	—	—

---

① 有注释写道"利物浦海关认为到达马恩岛或爱尔兰的人不属于出境移民,因此报告中未收录"。

② 在英国,根据1772年萨默赛特案的判决,黑人奴隶获得了自由。(这是一起很普通的逃奴案,原告詹姆斯·萨默赛特是一个可怜的黑奴,他很小的时候就被贩卖到北美殖民地,在主人斯图尔特位于波士顿的庄园当仆人。1769年主人把他带回了伦敦,在伦敦萨默赛特皈依了基督,并接受三位牧师的洗礼。跟随牧师学习过很多文艺复兴思想后,萨默赛特不愿意继续自己的奴隶生活,在1771年逃脱。可惜他只逃亡一个月就被主人抓回,并将其扔在去往牙买加的船上,准备让他在那边种一辈子甘蔗。——译者注)

表 0-3 第 2 周（1773 年 12 月 18 日—25 日）

出境港口	目的地	年龄	身份	出行目的
伦敦〔74人〕	格林纳达	23	贸易商	定居
	牙买加	43	马具匠	回国
		15	绅士贵族	定居
		29	制糖匠	求职
		17	管账	种植园
		27	园丁	求职
		26	烧砖匠	求职
		24	采石匠	求职
	圣·基茨	25	贵族妇女	探望丈夫
		20	贸易商	种植园
		24	贸易商	种植
	尼维斯	16	记录员	工作
	多米尼加	19	木匠	求职
		32	木匠	求职
		35	石匠	求职
		23	铁匠	求职

续表

出境港口	目的地	年龄	身份	出行目的
伦敦〔74人〕	弗吉尼亚	—	31人均为契约劳工①	—
	鹿特丹	25	宝石商人	工作
		26	宝石商人	回国
	利沃诺	17	石板匠	求职
	敦刻尔克	13	贸易商	入学
		19	绅士贵族	会友
		17	绅士贵族	会友
		50	食品商	工作
		21	石板匠	会友
		30	石板匠	会友
		24	贵族妇女	会友

---

① 31名契约劳工，10余岁的有4人，20至25岁之间的有17人，25岁至30岁之间的有7人，30余岁的有3人。出境港口此外还有普利茅斯、布莱顿、肖勒姆、纽卡斯尔、怀特黑文、赫尔、朴茨茅斯、莱伊、迪尔、法尔茅斯、桑威奇等。

续表

出境港口	目的地	年龄	身份	出行目的
伦敦（74人）	加莱	50	爱尔兰贵族	工作
		40	绅士贵族	—
		45	—	—
		18	绅士贵族	入学
		34	绅士贵族	疗养
		36	绅士贵族	—
		25	绅士贵族	—
		30	绅士贵族	—
		40	—	—
		24	—	—
		32	—	—
		6	拒绝回答	—

续表

出境港口	目的地	年龄	身份	出行目的
皮尔〔11人〕（布里斯托尔）	科克（爱尔兰）	30	外科医生	求职
		62	船员	求职
		37	店员	求职
		29	锡匠	求职
		不详	士兵	求职
		33	肉铺	求职
		23	织布工	求职
		41	劳工	求职
		21	工匠	求职
		50	劳工	求职
		37	劳工	求职

续表

出境港口	目的地	年龄	身份	出行目的
帕克盖特（埃克塞特）〔9人〕	都柏林	25	女、手工业者	探亲
		23	无业	探亲
		40	织布工	求职
		—	织布工之妻	—
		—	织布工之子	—
		35	女	探望丈夫
		34	仆人	回国
		50	不详	工作
		40	农民	工作
法尔茅斯〔4人〕	里斯本	25	绅士贵族	疗养
		30	绅士贵族	疗养
		45	绅士贵族	工作
	去向不明	40	不详	工作
普利茅斯〔2人〕	圣·基茨	33	种植园主	—
		不详	疑似该种植园主之妹	定居

然而，人口减少论使政府受到了巨大冲击。1750年代由布拉肯里奇(Brackenridge)牧师引起的这场大争论，

序　近代英国民众所生活的帝国

在 1769 年因 R. 布莱斯的出现而成为正式话题，他在自己撰写的小册子《光荣革命之后的英国人口史》中列举了人口减少的七个原因。不过，他列举的多数是基于高高在上的道德层面的理由，其中具有实质性意义的是陆军、海军的扩充和伦敦的畸形发展（因为两者都造成了大量死亡），特别是频繁的战争和"向海外，尤其是向东、西印度群岛的移民"，这一切都导致了人口减少。如果事实果然如此的话，那么情况则是相当严重的。较之布莱斯这本小册子，在人口争论之初就有人提出了与其相同的观点，当时正是政府对规模庞大的出境人员开展调查的时候。虽然以往的美国研究者只将这份史料局限于研究美洲殖民地的移民，但是，从这种史料的形成过程来看，正因为它提供了欧洲大陆向世界各地的迁徙者以及几乎所有的"旅行者"的名单，因此该史料可以应用到相当广泛的研究范围。同时，对于了解美洲移民的性质并与那些去其他地区的出境者的情况进行比较也是很有效的。换言之，令我感到不解的是为什么以往的研究忽略了史料中这些有关赴美洲以外地区的出境者的数据。

另外，在记录契约劳工的最后结局这一点上，该史料就具有重大意义。然而，笔者发现，只要是与英国情况有关的，这份史料的印证就变得模糊不清并笼统地做出数量变化的结论，可是其数量的变化与该史料中反映出来的情况有许多背离之处。例如，通常的说法是，这种情况反映出进入18世纪之后，种植园已经向黑人奴隶制转型，与自由移民相比，即使是来自英国的移民中契约劳工的比率会下降，然而，只要我们看一下这些概括性的史料，就会发现其比率是相当高的。

另外，在研究史方面，从欧洲向新大陆的移民分为自由移民和非自由移民两大部分，而后者的构成是，（1）契约劳工，（2）以出卖劳力抵作船资的移民[①]（redemptioner）（3）包括政治犯、流浪者在内的囚犯。不过，按惯例是将这些人与流放犯区别开来的。

在到达出发港口之后的一定期间（通常为两周左右）内，如果不能筹措到船费，则需要签劳工契约方可登船。这些人就是所谓的以出卖劳力抵作船资的移民。不过，这类移民的主体是18世纪的德意志人，而且仅限于在出发之前就支付得起船费的自由人。虽然本书仅以英国移民为研究对象，但是笔者并不打算将他们与历来的契约劳工相区别。因为就事实来看，根据英国对18世纪出国人员的调查，虽然经过鹿特丹、伦敦去殖民地的德裔移民相当多

---

① 美洲殖民地时期以出卖2—7年劳力抵作船资的移民。

（许多记录中有调查官标注的"因德国人不懂英语，遂约定于出发港口支付船费"的注释），然而，他们却被当作契约劳工对待。另外，（3）中的囚犯也被作为一种契约劳工卖给农场主，所以，本书不采用通常的三类分法，而是分为"自由劳工"和"强制劳工"两类。

据说，从1654年到美国发表独立宣言的1776年，包括德国人在内到新大陆英属殖民地的契约劳工有30万或者40万人，而且其中大多数人都是个人自愿签约的，另外一些则是犯了相当于死罪的罪犯以及因其他罪行被判有罪的人。按照18世纪的惯例，这些罪犯会因大赦而被改判流放，成为"强制契约劳工"（相较于自愿契约劳工的4年劳役期，强制契约劳工的期限是7年乃至14年）。据推测，强制契约劳工的人数大概有5万人。因此，我打算先弄清自由契约劳工的社会出身（第一章），然后根据当时英国民众生活圈的特点以及英国社会的性质来探讨这些移民为何要以"契约劳工"的形式去美洲的问题（第二章）。"契约劳工"的问题当然与主要经济作物的大量种植，即种植园经济有密切的联系，不过本书将集中围绕英国的因素来思考这一问题，继而在第三章里分析"强制契约劳工"与英国社会的关系。

第四章旨在研究卷入了为建立帝国而发动的战争的民

众情况，即士兵的问题。同时，本章也将探讨那个时代英国固有的"重商主义的慈善业"何以将孤儿、弃儿当成建立帝国的牺牲品的问题。

　　第五章主要分析殖民地时代末期以自由移民身份去美洲的人们，特别是约克郡和苏格兰农民们的内心感受。当时，英国已经进入工业化，哪怕他们在故乡的土地上无法继续从事农业生产也没必要去美洲，因为到伦敦等城市去就能够找到谋生之路，可是，他们为什么还要奋不顾身地远渡"宽阔的水藻之海（大西洋）"呢？

目　录

中文版新序　　001

序　近代英国民众所生活的帝国　　005

第一章　自愿去美洲做契约劳工的人们　　001

一、是"乞丐、娼妇、强盗",还是"中产阶级"?　　002

二、英国社会的缩影　　011

三、贫民的近代英国社会——出境者的职业分布情况　　018

四、贫民社会的"缩影"——"流浪"型人口流动和《伦敦市长日志》　　025

第二章　英国近代社会的贫民生活　　033

一、大多数英国贫民必经的仆人生活　　034

二、进行"人口贩卖"的英国雇佣市场　　059

第三章　被强制渡海流放到美洲的英国移民　　077

　　一、成为监狱的美洲殖民地　　078

　　二、战争、和平与犯罪　　098

第四章　征召海军士兵的问题——"一片木板的世界"　　115

　　一、建立帝国的士兵　　116

　　二、强制征兵的时代　　128

　　三、载入史册的海军大叛乱　　138

　　四、被送上战场的孤儿——克拉姆和汉威
　　　　的"福利"活动　　150

第五章　圈地运动与移民——建立帝国的农民　　169

　　一、新斯科舍殖民宣传的虚与实　　170

　　二、漂洋过海的约克郡农民　　184

　　三、"清洗人民"——被抛弃的苏格兰农民　　192

结　语　　212

参考文献　　218

第一章

自愿去美洲做契约劳工的人们

一、是"乞丐、娼妇、强盗",还是"中产阶级"?

17、18世纪移民到英属美洲殖民地的大多数人都是自愿签约的契约劳工,那么,这些人来自英国社会的哪个阶层?进而言之,全体美洲移民的社会出身是什么?对于美国人来讲这无疑是极为重要的课题。正因为如此,自1880年J. C.霍廷整理的移民记录出版之后,以乘船者名簿(Passenger List)为主的诸多移民史料作为谱系学资料出版,并开展了分析。有关自愿签约做契约劳工的研究,其研究史可以分为三个时期。

第一个时期是17世纪到20世纪中期,这一时期的观点是将契约劳工视为最下层贫民。著名的重商主义者J.查尔德的解释是,"最早定居在弗吉尼亚和巴巴多斯的人是一些吊儿郎当的流浪汉。这些人中有的人不适合劳动,有的人自己无法找到工作,或者有的人存在卖春、偷盗等堕落行为,因此没有人给他们提供工作机会,从而无法在国内安身。于是,商人或船长通过代理人将他们召集到伦敦等地并发放衣服,然后组织他们去殖民地做工,因而被送到美洲。"所以,这些人即使留在英国,"对祖国毫无用

第一章　自愿去美洲做契约劳工的人们

处，他们或被绞死或被饿死，或因痛苦的疾病而横死，留给他们的只有卖身从军一条路"。从中可知，一般的移民特别是契约劳工是由最下层贫民乃至社会的落魄者组成的，这种观点在殖民地活动早期的16世纪到18世纪初是极为普遍的。英国推动建立帝国理论的先驱R.哈克卢特[①]早就在其《西方殖民论》中提出，向新世界的殖民就是"给穷人提供生计"，"在英格兰无法生存下去的人们也可以在那里重新安身立命"。哈克卢特列举的这些在英格兰无法生存下去的人们具体包括"因为替他人担保而失去财产"的人、"因海洋生意而血本无归"的人、"因年轻气盛而做出蠢事"的人、"若放任自流或许会上断头台"的人、"因战争结束留在国内或许给国家造成麻烦"的士兵、"在英格兰到处流浪"的人等。这些人在后来的一些主张推动移民的论调中被不断提及。

哈克卢特所处的时代正是英国人口急剧增长并由此带来与之不匹配的经济状况和社会结构的剧变时期。当时的英国社会到处充斥着流浪的民众，以致国家需要出台"伊

---

① 理查德·哈克卢特（Richard Hakluyt，约1552—1616），英国地理学家。他于1584年著《西方殖民论》一书，劝说英国向美洲移民，建立殖民地，鼓吹"为英国国库增加利润，为女王陛下增加荣誉，为英国的产品提供市场，为无业的青年提供像样的职业"。——译者注

丽莎白救济法案"来应付局面。这种社会背景成为哈克卢特为殖民活动辩解的最好理由。进发到纽芬兰岛①的汉弗利·吉尔伯特部队②头目 G. 佩卡姆在其报告书中也主张"现在国内充斥着许多到处游荡、对国家毫无价值的人，这些人是我们王国的负担"，可以让"12 岁到 14 岁的少年儿童"和"懒惰的妇女们"到那里去。然而，事情却并未如哈克卢特这些殖民地宣传者所宣扬的那样，因为殖民地活动是由当时的绅士阶层推动的"实验公司"③之一，而一箭双雕的"雇佣贫民，绅士获益"才是他们的目的。

从殖民地的角度来讲，当然不希望来的都是一些社会的落魄者。事实上，哈克卢特在对殖民地考察时也发现，当地的发展需要的是各种有技能的人。因此，伦敦·弗吉

---

① 纽芬兰岛（Newfoundland），加拿大东部岛屿，贝尔岛海峡将其与大陆分隔。——译者注

② 汉弗利·吉尔伯特（Humphrey Gilbert），英格兰爵士，探险家。1583 年宣称纽芬兰属于英格兰，纽芬兰成为大英帝国的第一个海外殖民地。纽芬兰目前是加拿大的一个省。——译者注

③ 该时期的英格兰富有商人急于寻找投资机会，相较于在欧洲、非洲等地的投资，在美洲新大陆的投资活动实属堪称实验性投资活动。——译者注

第一章　自愿去美洲做契约劳工的人们

尼亚公司①的发起人 F. 培根从自己的立场出发，发表了如下观点："将社会中的无用之辈以及恶劣的罪犯送往殖民地是可耻且不幸的事情。……他们将继续过着地痞无赖的生活，他们无心工作、好吃懒做、为非作歹、浪费粮食，而且他们很快便会厌恶在那里的生活，并将损毁殖民地声誉的诽谤之声传回国内。与其如此，选送的人应该是园丁、农夫、铁匠、木匠。"然而，殖民问题在这两个人所处的时代还没有超出预期的范围。可当时间进入1630年代，情形开始急剧演变成了现实且残酷的社会现象。培根的警告毫无效果，认为契约劳工即贫民的观点依然占据着绝对上风。

1654年，在来自巴巴多斯的报告中就有"此岛乃英国抛弃废物的垃圾场，来此岛者尽是地痞无赖、卖淫妇之流"的记录。1662年来自弗吉尼亚的报告中也有"此地极少善良之辈，即使有技能劳动者，换言之，契约劳工乃未受过技能及职业训练之人，彼等只因恐惧饥饿与牢狱之灾而来此地"的记载。正如前文提到的 J. 查尔德的考察所显示，情况正与英国国内所记载的完全相同。

---

① 由英国政府特许在北美（弗吉尼亚）进行殖民地经营的公司。1606年成立，全称"伦敦弗吉尼亚第一殖民地冒险家与殖民者公司"。股东有商人、地主和冒险者。——译者注

即使到了 18 世纪，人们对契约劳工的看法依旧没有改变。另一方面，这一时期的人口情况和经济状况与哈克卢特所在的伊丽莎白时代相比发生了巨大变化，曾经是"辅助的对象，社会的负担"的人口，如今甚至被视为构成"国家基石"的劳动力与兵源，因此，理所当然地将移民视为导致"宝贵的国力源泉"流失的危险行为。前文中提到的 1773 年以后的出境者调查就是以这种认识为背景展开的。然而，尽管如此，推动契约劳工移民的人反而更强烈地坚持自己的主张，即，契约劳工是国内既无能又对社会有害的落后分子。不知道是否因为这个原因，在 18 世纪初的伦敦就有了这样一份记录。

> 有五六个衣衫褴褛的人，他们肮脏不堪、满脸绝望，一边抱怨着自己的贫困，一边混迹于逃跑的学徒和一群粗鲁的青少年之间……他们刚刚走入的楼房正是去签那个使自己陷入悲惨境地的契约的地方，然而这样做是他们这些将去往美洲的劳工唯一的活路。其中也有仿佛刚脱下节庆活动服装的雇工，这些人就是所谓的"拐骗行"，他们用花言巧语唆使人们去做契约劳工，也就是说，他们从事的是一种向海外移民的买卖。……这些（成为契约劳工的）

第一章　自愿去美洲做契约劳工的人们

> 流浪汉和衣衫褴褛的无业游民看似受到了很客气的对待,其实是通过一纸"公平的"契约将自己卖身为奴。

契约劳工的问题是英国近代历史研究的切入点,不过学界的普遍观点是移民即贫民。例如,从殖民地劳动力的角度探讨该问题的 J.W. 加尼甘就是其中之一,他曾研究过殖民地与黑奴劳动力之间的关系。加尼甘指出,"在 1683 年,弗吉尼亚有一万余名半奴隶状态的劳工(契约劳工),达到殖民地全部人口的六分之一,而且,18 世纪进入宾夕法尼亚的移民中大约三分之二的人是白人奴仆",他还指出"失业者、贫民、犯罪者阶层的激增"是 16 世纪英国建立契约劳工移民制度的前提。非但如此,在 20 世纪中期出版的有关契约劳工移民史的研究成果中,包括迄今为止被看作是标准成果的 A.E. 史密斯的名著中,虽然附加了许多保留条件,但是基本也明确地采用了移民由"贫民"构成的观点。

从某种意义上来说,不论是正式的还是非正式的,这种立场在研究都铎王朝、斯图亚特王朝时期底层贫民问题的 W. 诺特斯丁、C. 勃兰登堡、A.L. 皮尔等历史学家的观点中都得到了支持。

不过,自 1950 年代以后,移民史专家全面修正了这种观点。因为研究都铎王朝时期自由农民问题的著名研究者 M. 坎贝尔坚决主张包括自由移民在内的全体美洲移民的出身都是"中产"阶层。特别是根据对布里斯托尔契约劳工移民史料中记载的有关契约劳工职业的分析，结果得出了如下结论。

> 以布里斯托尔为例，作为农村中产者的自由农民和农场主合计达 36%，熟练工匠（手艺人）和工商业者合计将近 22%，代表底层的（日工、周工等短工的）劳动者不超过 10%。

因为这些职业的数据是根据本人申报统计的，所以也可能有人按照在殖民地受欢迎的职业而谎报了自己的职业种类，不过，申报人的职业实际上应该包括非常多的种类，因此未必偏于在殖民地需求很高的职业，据此判断，移民本人的申报应该是基本属实的。在那个时代，一个人的职业和身份以及地位原本就是密不可分的，所以，谎报职业的情况基本不可能发生。

男性契约劳工移民的职业构成（%）

表 1-1　布里斯托尔 1654—1661 年

男性契约劳工职业	比例（%）
绅士	1
农民	27
劳工	7
农业以外	15
仆人	2
无记载	48
合计	100

表 1-2　布里斯托尔 1684—1686 年

男性契约劳工职业	比例（%）
绅士	—
农民	4
劳工	12
农业以外	24
仆人	2
无记载	58
合计	100

表 1-3 米德尔塞克斯 1683—1684 年

男性契约劳工职业	比例（%）
绅士	—
农民	9
劳工	3
农业以外	16
仆人	10
无记载	60
合计	100

表 1-4 伦敦 1718—1759 年

男性契约劳工职业	比例（%）
绅士	—
农民	11
劳工	6
农业以外	36
仆人	10
无记载	37
合计	100

（笔者根据嘉廉松整理的数据重新进行了整理。出处参照正文及注释）

于是，坎贝尔指出，17世纪的契约劳工移民是由自由人、农民、熟练工匠和底层劳工构成的，而且自由人、农民和熟练工匠与底层劳工的比率高达五比一。再看一下伦敦的数据，虽然工匠人数远高于从事农业相关职业的人数，但是，中产阶层同样是劳工的五倍以上。不难想象，这种"中产阶层"对于从20世纪中期就确立了世界体系霸权的美国人来说是具有积极影响的。

坎贝尔此前曾研究过在美国独立战争前夜来自英国的出境者的调查报告，他在撰写这篇论文之前再次总览了那些资料并得出了相同结论。

二、英国社会的缩影

但是，到了1970年代末期，随着电脑网络的利用，坎贝尔的观点得到了再次修正。1780年以前的白人移民总数达60万人，其中有30至40万人为契约劳工移民，而前述六组史料记录的人数相当于这些契约劳工移民的5%甚至7%，D. W. 嘉廉松就是根据这全部六组史料提出了一个重大问题，不过他的研究对象仅限于男性契约劳工，究其原因就在于妇女人数过少。原本契约劳工并非仅限于男性，其中也有妇女，但是，由于殖民地社会没有独立的人口调查，加之男女比例极其不均衡，即使在对妇女的需求非常高的17世纪，妇女人数也仅占全体移民人数的四分之一，甚至到18世纪还下降了数个百分点。

即便是布里斯托尔的数据，坎贝尔只是使用了该世纪中叶的史料性较好的记录，但是其中将近31%也没有记录职业。尽管如此，他仍然轻率地将其作为随机抽样的依据，换言之，他假定没有记录职业的一组移民与记录了职业的移民是具有同样职业构成的群体，只是他们碰巧没填写职业记录。根据伦敦留下的契约书样式（图0-1），他还认为有一部分契约书中就没有记录职业的一栏。他还解释道，布里斯托尔史料的后半部分几乎没有记录人名，也是因为使用了没有职业栏的契约书，不过，笔者认为这个解释未必正确。

坎贝尔曾整理布里斯托尔的数据并制作了统计表，笔者将其重新整理之后制成了上文的表1-1、表1-2和有关伦敦的表1-3、表1-4。笔者认为，列在每个表最后边标注着"无记载"的记录应该是按照比率分散在起初的三个群体中的，可是坎贝尔却无视了这一部分的存在。然而，在表1-3中，这组移民的数据达到了60%，这样高的百分比无法称之为随机抽样。

第一章 自愿去美洲做契约劳工的人们

首先看一下表1–3，表中812份原始数据中就有632份记录了登记人的年龄，其中129人（20%）是不到20岁的未成年人。不过，这些未成年人中记录了职业的仅有12人，而占90%的116人没有记录职业。而且，如果只依据确记录了职业与年龄的人来考虑的话，那么，这组"无记录"的人明显就是"年轻"的群体，其平均年龄比劳工小1岁，比农民小1.1岁。

同样的情况在其他各组史料中也存在。例如，在1718年—1759年伦敦的数据（表0–1的史料三）中，农民、工商业者、熟练工匠等，即所谓"中产阶层"契约劳工的60%一般为成人，即使在劳工中成人也占34%，可是，占全部移民37%的"无职业记录"群体中的成人却只有4%，也就是说未成年人为96%。即便达不到这个程度，在"中产阶层"职业的人里边未成年人也会占到3%，哪怕在史料记录中不足1%的劳工中，未成年人也占"无职业记录"人员的31%。由此可见，"无职业记录"这组数据绝对不是坎贝尔所说的随机抽样。另外，是否在契约书上签字也反映出了识字率的问题。"无职业记录"的移民至多只相当于劳工和农民的水平，远远低于熟练工匠的水准。例如，就数据（表0–1中的史料三）来看，在有疑问的那组人员的记录中，会签字的人为57%，不及劳工的 62%，更不及工商业者的 80%。从契约劳工在当地被限制的年数，即签约时间的长度来看，可知这部分人是签约时间稍长的群体。在极普通的自愿签约的契约劳工中，大多数的签约时间为 4 年，而未成年人和负债很重的人的时间则会更长一些。反之，像外科医生等在殖民地大有用途的职业，通常签约的时间会缩短。像后文将提到的犯罪人员则根据其罪行需要签约 7 年甚至 14 年。因此，大多数未成年人属于那些"无职业记录"的人，且平均签约年数也会多一些。

总之这些"无职业记录"的人的情况似乎很模糊，但是他们的形象仍然是可以勾勒出来的，具体言之，这些未成年人的主体就是那些年龄不到 21 岁的年轻群体，而且我们可以推测他们的识字率很低，莫说职业教育，就连基础的读写方面的教育都没有接受太多。嘉廉松曾指出，他们签约的年份长，恰恰也反映出他们的"熟练水平"低，且自身经济条件差。

另外，我们能否在当时的英国社会中看到其存在着一个固定的社会群体？即，这些人按照"贫穷""教育程度低"和"年轻"的标准各就各位？假如"无职业记录"的人不会碰巧因为马虎没有登记自己的职业而偶然出现的一个群体，那么我们自然会认为他们没有职业可供记录。

第一章 自愿去美洲做契约劳工的人们

但在前工业社会,"无职业"意味着什么呢?在前工业社会,职业是人们作为一个完整的人归属于社会的证明,无论他们的职业多么贫贱或卑微。直白地说,职业就等于身份地位。如《政治数学》[①]等同时代的著作中的社会分析无一例外地证明了这一点。其实,人们起初试图根据本文所涉及的该时期最新历史记录,即1770年代早期的《离境者调查报告》(表0-1 史料四),将伦敦人按照"身份(Quality)"(如"绅士""爱尔兰贵族"和"黑人")和"职业(Occupation)"(如"商人"和"外科医生")以及"(一般性)雇佣(Empioyment)"区分开来,但是不久之后这种方法就被放弃了。

这样一来,只能说在这个时期如果没有职业就意味着没有立足于社会的资格,那组有疑问的记录是以未成年人为主体的事实也证明了这一点。既然不能独立地立足于社会,那么,在"社会成员表"里自然就没有他们跻身的位置。因此,在当时的政治数学家,例如著名的格里高利·金等制作的"社会成员表"里,就是以户主的身份和职业为基准按家庭单位计算的,所以,尽管上至贵族下至流浪汉都包括在内,可是却无法查询那些"无职业"的人

---

① 17世纪英国的经济学家和统计学家威廉·佩蒂(William Petty, 1623—1687)创作的经济学著作,1690年首次出版。——译者注

们的详情。

但是,在 17、18 世纪制作的其他的社会成员表的最后边却附了"妇女、儿童、仆人"一项,并且总能看到附有"对社会无益之人"的标注。在近代英国社会,家庭是社会最小的单位,户主对于其他家庭成员具有一切权力,"仆人"也被当作其家庭的从属成员,这就是剑桥人口史研究小组的人口研究结论所说的"人生必经的仆人生活"。"无职业记录"那组人的各种特征与各自的社会阶层完全吻合,正如第二章中修正的那样,在工业化之前,英国民众家庭中的子女大多在十多岁时被送到别的家庭做"仆人",并作为那个家庭的一员生活若干年,直到自己结婚后组成新的家庭。

构成"仆人"的主力成员是入住农家的农仆和入住商人、工匠等家庭中的学徒。前者通常以 1 年为期签雇佣契约,几乎每年都会通过近代英国特有的"雇佣市场（hiring）"改变雇主,后者的不同点在于不论男女都会独自住在雇主家中。不过,在不把仆人视为正常社会人员这一点上两者是完全相同的。不论在法律上还是习俗方面,仆人是完全附属于雇主家的"半个人",因此也就没有可资记录的职业。并非发给"无职业记录"那组人的碰巧是没有职业栏的契约书,大概是因为自身的地位令几乎所有

第一章　自愿去美洲做契约劳工的人们

的仆人都没办法表示自己的身份。笔者认为，特别是在17世纪，由于达到学徒人数10倍乃至15倍的农仆年年改变雇主，因此形成了四处流动的习惯，于是，相较于其他村庄，他们对于在殖民地干活也并不怎么排斥。不过，契约劳工在殖民地从事的毕竟是一种强制劳动，再也不会像在国内那样被视为雇主的家人了。

如果是这样，那么17世纪和18世纪从英国移民到美国的整体构成是怎样的呢？嘉廉松的结论是："17世纪极为广泛的男性契约劳工现象反映的是英国社会的一个缩影。"换句话说，与当时英国社会90%以上的人口一样，移民人口也基本分为三类：(1)农民（自耕农和雇农）、各种工匠和各类商人；(2)日工（劳工）；(3)尚未自立的仆人。

对于嘉廉松的分析，坎贝尔等人也提出了反驳，但说服力度很弱。因为嘉廉松的分析在人数上极为全面，因此几乎没有批判的余地，特别是从坎贝尔的"中产阶级"说的角度进行的反驳我认为是很牵强的。尽管如此，不可否认的是嘉廉松的研究对平均值的微妙差异赋予了过于重要的意义，存在着过度数量化的倾向。再者，即便像嘉廉松所说的那样，契约劳工的社会出身是当时英国社会的缩影，那么，所谓的"当时的社会"究竟是什么样子的呢？

三、贫民的近代英国社会——出境者的职业分布情况

嘉廉松说契约劳工移民的社会出身是当时英国社会的"缩影"。假如他的说法正确,那么他所说的英国社会究竟是怎样的呢?当时有一位叫格里高利·金的政治数学家,他曾提出一个将英国家庭分为两类的著名观点,即,英国有51万个家庭(合计268万人)是"增加王国财富的家庭",85万个家庭(合计283万人)是"减少王国财富的家庭"。在他的社会成员构成表里,后者占据过半数的人口,这些人分别是佣工以及小农和陆军、海军士兵。这类人的平均家庭支出都是赤字,换言之,这类人的半数以上,家庭数的六成以上生活在慢性赤字状态之中,他们是需要某种救助政策救济的"贫民社会",而这就是当时英国社会的现状。格里高利·金是一名具有保守社会观念的纹章事务官(Officer of Arms),在他制作的社会人员构成表中对人口数量的统计的可信度极高,但是也有人提出警告说对他的其他数据不完全可信。尽管如此,从他为研究结论而制作该表的过程来看,他的见解证明他无疑是那个时代最了解情况的人。如此说来,嘉廉松有关英国社

第一章 自愿去美洲做契约劳工的人们

会"缩影"的主张并没有脱离传统的"贫民说"太远。虽说是英国社会的缩影,但归根结底只是"贫民社会"的缩影,这一点对于理解前文中谈及的布兰登堡的情况也会有极大的帮助。

但是,有许多更积极的证据偏向于证明契约劳工移民就是下层贫民,这些证据远胜于坎贝尔和嘉廉松的推测。首先,上文列举的有关契约劳工的史料都不是均质的。在这一点上,嘉廉松采用的全面数量统计的方法从一开始就有一种令人不放心的感觉。因此,笔者打算对史料二、三、四分别进行分析。首先从数据丰富的史料四入手(参照上表0-1)。

除了苏格兰港的资料之外,在1773年12月11日到1764年4月7日(不知何故,史料中缺少一些记录,总计缺少115周)的13192人的出境记录中,包括加勒比海在内到达美洲的移民占据大约40%,而且美洲移民中的60%为契约劳工。有关赴欧洲和爱尔兰的出境者,在负责调查的海关官吏的记录中存在着"出境者"和"移居者"等混乱表述。也就是说,海关官吏出于对人口减少论调引发的危机感,导致其以不符合调查意图为理由将若干明显是单纯的旅行者从报告中去掉。或许是因为海关官吏不善于严谨的统计处理方法,因此,即便只是笼统地查看一下该史料也很容易使人对此前的普遍观点产生若干疑问。

第一点，且不说进入19世纪之后大量涌入加勒比海的亚裔移民，在殖民地时代初期美洲的白人契约劳工移民就很多，他们在殖民地可以再产生新的人口。另一方面，契约劳工随着黑奴制的发展而被抵消，这已经是一种常识。然而，虽然该史料记录的是殖民地时代最后期的情况，但事实上美洲移民的半数以上就是契约劳工。殖民地时代的美洲移民具有很强的"清教徒自由移民"色彩，如果该史料是概括性很强的记录，那么，我认为仍然有必要对那些移民的全貌进行大幅度修正。

第二点，该史料可以用来将赴美洲的移民与赴欧洲为主的其他国家的出境者进行直接而且全面的比较。从这一点来看，该史料是极为珍贵的。众所周知，虽然英国在美洲移民激增的1630年代后半期就进行了针对出境人员的调查，但是只留下了调查范围极小的报告书。尽管如此，纵观这些史料，其中以美洲为目的地的移民的特异性还是一目了然的。史料中有每周来自各个港口（包括伦敦、多弗、布里斯托尔、布莱顿①、朴茨茅斯等全国主要港口）的

---

① 按照当时的港口行政区划，分为布赖特赫尔姆斯通（Brighthelmstone）及肖勒姆（Shoreham）。

第一章　自愿去美洲做契约劳工的人们

报告，其中记录了出境者的姓氏、年龄、职业、出生地、到达港口、船舶名称、航行目的等信息。而去往欧洲的出境者则以30岁、40岁年龄段者居多，20岁年龄段者则属于例外。10岁年龄段者则几乎都是去环欧旅行的显贵子弟或上学的孩子。而契约劳工自不必说，后文中谈及的出身苏格兰的普通移民的年龄都比这些人要高得多。

对比一下职业栏，这种情况就更加清楚了。去美洲的欧洲各个港口，包括阿姆斯特丹、巴黎、鲁昂、加莱、奥斯坦德、布洛涅、迪耶普、卡昂、敦刻尔克等港口的人中，"绅士"和"商人"占据绝对多数。与之截然不同的是，以契约劳工身份出境的移民里几乎没有绅士，而且其中既没有工匠更没有劳工。有跟随绅士出境的仆人，如果排除回爱尔兰的季节劳工的话，则很少有底层百姓单独出境的人，不过，我认为该调查没有将渔民和船员列为对象。绝大多数出境者的目的是"娱乐（for pleasure）"和"做买卖（on business）"，虽然也有"移居（to reside, to settle）"的，但是占比仅为个位数。其他分别是要去美洲大陆训练技能或学习的理发匠、点心师傅、年轻人、返乡士兵和归国的季节劳工等，还有以"疗养"为目的的上流阶层人员。总之，非常清楚的一点是当时去美洲的出境者都是阶层极低的群体。

另外,在最重要的契约劳工的职业问题方面,该史料较之其他史料的最大特点在于其没有"无职业记录"的分类,换言之,就是所有契约劳工都有相应的"职业"记录。因此,史料中没有明确说明"仆人"中有无职业的人。反倒是只有自由移民和女性契约劳工中有少数没有记录职业的年轻人,而男性契约劳工几乎都有职业记录。在1773年末到翌年年初那一周里,有一个10岁的名叫托马斯·卡罗尔的爱尔兰儿童,乘坐"埃蒂(Etty)"号去了马里兰,但他的职业是"制鞋工"。也许学徒的职业是按照其父亲的职业填写的,或者反映了在当时的某些地区农仆快速消失、学徒制度也失去了活力。单看那些去欧洲的人,其中就已经出现了"仆人",即所谓"家仆"(domestic servant)。我认为在当时"家仆"出现了由男性向女性的转变的趋势,或许该史料会提供更多关于"年轻人""职业"的记录,进而大大地改变有关他们社会地位的传统看法。

表 1-5 契约劳工的制约种类（1773—1776 年）

职业种类	学徒费（£）	人数
劳工	—	473
佃农	—	228
木匠	10—20	137
鞋匠	5—20	132
织布工	5—20	116
马夫	—	99
园丁	—	90
裁缝	—	88
面包师	5—20	83
假发师	—	62
伐木工	—	59
记录员	—	58
搬砖工	5—20	58
铁匠	—	47

表 1-5 显示的是该史料中记载的 200 种职业中人数比较多的职业。根据此表我们可以断定雇农（husbandman）只是劳工的一半，因此，认为与农业有关的职业都是"中产阶级"的观点是不成立的。即便原本应该归类于"仆人"的年轻人可能被称为了"劳工"，但

是事实确实如此,其实非农业职业人口的社会地位也不高。1747年出版的两部跨度为15年的《职业大全》中,记载了学徒的一次性学费(即当学徒时由父亲支付的一次性学费额度)情况。其中,除木匠之外,其余职业全部是以5英镑为下限的。笔者认为,学徒一次性学费的额度多少反映出当时对各种职业的定位。另外,表1-6显示的是学徒的一次性学费额度高的职业。当然,这些职业的从业人数原本就不多,所以只有一些零散的记录。

总之,仔细研究一下坎贝尔认定的"中产阶级",便可推断出那些人的阶层也是相当低的。

表1-6 学徒费用高的职业种类

职业种类	学徒费(£)	人数
外科医	20—500	18
药剂师	20—200	3
丝绸商	50—200	3
宝石商	20—200	5
造车木匠	50—100	9
熟皮工	50—100	10
毛织品商	30—100	1
铁器商	30—100	2

续表

职业种类	学徒费（£）	人数
烟草商	30—100	2
食品商	20—100	6
染坊	20—100	2

注：1. 此时期外科医生已经处于被细分为理发师、牙医、假发师等分科阶段，性质快速发生了变化。这里出现比较多的可能是学习更基础阶段技术的人。

2. 药品商在当时已经变成了医师的一种。

四、贫民社会的"缩影"——"流浪"型人口流动和《伦敦市长日志》

也有记录显示从契约劳工的出生地区来看就能发现他们与中产阶层有些许不同。近年来，以剑桥研究小组为中心，我从多个方面对近代英国的国内人口流动（inland migration）进行了研究。特别是 P. 克拉克以出席教会法庭的证人在核实身份过程中的证言为素材进行的研究中指出，16、17 世纪上半叶出现了剧烈的人口流动，这些流动人口基本可以被明确地分为两种类型。

一种是流动频繁并且最终流动到距离远的地区的流浪型人口，一种是到邻近城市成为学徒或入校学习的人，而且流动次数少，流动距离短。前者以城市间流动居多，后者以农村与城市间流动为主。换言之，前者是"为了生存的流动"，后者是"为了提升社会地位的流动"。而且克拉克声称以清教徒革命①为界，前一个类型的流动呈现快速消失的状态。

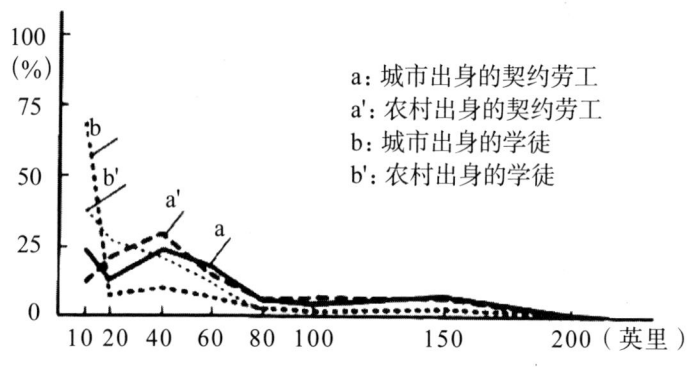

图例：
a：城市出身的契约劳工
a'：农村出身的契约劳工
b：城市出身的学徒
b'：农村出身的学徒

图 1-1　布里斯托尔的雇佣情况

接下来看一下契约劳工移民的情况。如图 1-1 所示，根据索登（Sowden）对布里斯托尔的数据进行的分析，

---

① 清教徒革命，又称为英国内战、英国资产阶级革命，是一场导致资本主义制度在英国确立起来的革命。这对英国和整个欧洲都产生了巨大的影响，历史学家一般将革命开始的 1640 年作为近代史的开端。——译者注

第一章　自愿去美洲做契约劳工的人们

招收的契约劳工通常来自比学徒更遥远的地方，其中若有伦敦人就更为显眼。不过，如果利用1770年代的出境人员调查数据对伦敦进行同样分析的话，则如图1—2所示，无法简单断定"来自比学徒遥远的地方"。再者，因为没有获得与该时期准确对应的学徒招收数据，所以，笔者在此使用了1690年的数据作为参考。笔者认为，这个结果是因为在伦敦招收学徒的区域本身就非常广，同时，在契约劳工的数据中包括了太多（广义的）"伦敦人"。这里使用的有关契约劳工和学徒的史料还存在着年代的错位，而且契约劳工出生地信息的可信度或许多少也存在疑问。特别是外地人一旦到了伦敦并留下来之后，其生活就变得没有着落，于是便在市内游荡，这些人在申报出生地时大概就会自称"伦敦人"。不妨推测，这样的例子绝不在少数。例如，在《伦敦市长日志》（表0-1的史料一）等史料中就清楚地记载着许多分两个阶段流动的案例，即一些人从诺里奇①、怀特岛②、斯塔福德郡③等地来到伦敦，然后再到海外去。不过，这类问题原本与克拉克的考证是相互纠

---

① 诺里奇（Norwich），英格兰东部城市，诺福克郡首府。——译者注
② 怀特岛（Isle of Wight），位于英吉利海峡北岸。——译者注
③ 斯塔福德郡（Staffordshire），英国米德兰平原内陆郡，郡的首府是斯塔福德。——译者注

缠在一起的（也有人认为克拉克对伦敦这样的大城市的定位未必准确）。

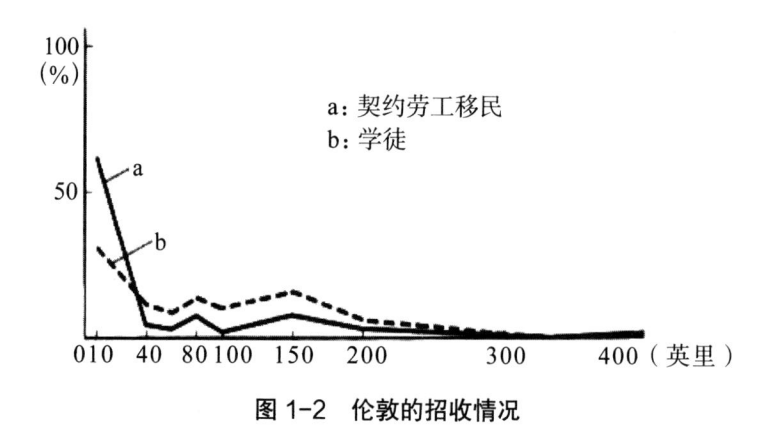

图 1-2　伦敦的招收情况

虽说有上述因素的制约，但是，与学徒相比，契约劳工一般以远距离流动者和伦敦出身者为多。这样的话，这些人属于"为了生存的流动"人口或者近似于流浪型人口。暂且不提他们是否属于中产阶级，其流动的情况应属于穷困潦倒的流动人群。

在另一份18世纪的契约劳工史料（表0-1的史料三）中记录的结果也相同，在17世纪末的《伦敦市长日志》中"伦敦出身"的人数比率更高。更直接地看一下《伦敦市长日志》这样的史料，其中记录的每一个契约劳工都带有极强的"破产者"乃至"贫民"的色彩。坎贝尔的统计只是笼统地计算了数字，虽然很详细，却漏掉了始

第一章　自愿去美洲做契约劳工的人们

终坚持计量分析的嘉廉松的统计结果，而这份史料和上述史料（表0-1的史料三）中包含许多足以推断个人生活经历和现状的数据。例如，许多记录将前者标写为"poor boy"，将后者写为"poor lad"。根据上下文的表述可以明确地断定，这种说法指的是"孤儿"，并且其中有若干人是"弃婴"。这些人通常是由教区的贫民监督官"担保"（其实是"卖掉"）的（详情参照第四章）。其中标写"父亡""母亡"的记录也不在少数。上述内容在《伦敦市长日志》中提供了很好的例子。

> 塞缪尔·埃文斯：南华克①（伦敦）已故爱丽丝·埃文斯之子。养父编筐匠波尔·米尔班证明该学徒父母双亡且本人单身。与约翰·威廉姆斯签约在弗吉尼亚做工4年。年龄超过21岁。1684年3月16日。

从这份记录内容推测，大概这个连自己的年龄都不清楚的学徒自幼丧父，母亲再婚，此后母亲亡故，最终被没有血缘关系的养父卖掉。

---

① 南华克（Southwark），伦敦市中部地区，位于泰晤士河南岸。——译者注

这种情况在第四章中也有详细的记录，其中有退伍兵（其实是被开除的士兵）或来自各类监狱直接去美洲的人。其他案例还有父亲入狱服刑的玛格丽特·丹莫尔，她的父亲曾是经营衣店的店主，另一个是被锯木工丈夫史蒂文"卖掉"的伊丽莎白·戴伊。

虽然统计这些个人的生活经历是极其困难的，但可以明确的是，生活幸福的人群不会远渡大西洋去做契约劳工。因此，像坎贝尔那样将这些人全部认定为"中产"者则过于草率。另外，也不能全盘照搬嘉廉松将之称为"社会的缩影"的观点。当时的英国社会本身就是"贫民社会"，而契约劳工堪称是其中层级极低的一些人。而且在各个阶层乃至职业群体中的大多数人无疑都是生活不顺且时刻面临着落魄的危机。

实际上，在《伦敦市长日志》中，将盗窃等罪犯的判决记录与契约劳工签订契约书的记录完全混杂在了一起，这说明当时的人们明显将契约劳工与罪犯视为同一类人。

从流动人口类型的另一个特征也可以推断出大多数从伦敦去往西印度群岛和北美的契约劳工都是贫民。2155份调查样本显示，事实上，1683年至1775年从伦敦出发的75%的契约劳工都经过了两个阶段的流动，也就是说，他们先到达伦敦，然后又去了海外。之所以有人要将契约

第一章 自愿去美洲做契约劳工的人们

劳工移民人数用作国内人口流动的数据,其原因就在于此。总之,只能说大多数契约劳工移民就是"失败的伦敦人"。"失败的伦敦人"就是后来构成规模庞大的贫民区伦敦东区的市民。说到这个话题,我不禁猛然想到城市史研究泰斗H.J.戴奥斯[①]那个"(来自地方的)没落的伦敦人"的定义,其言果然不虚。

这些流动人口的流动距离平均有145千米到166千米之长,其中有62%的人超过130千米。而且,我们知道整体的21%以上的人来自人口超过5千人的城市,其中多数来自地方的大城市。由此可见,来自地方城市周边农村的人实际上经历了三个阶段的流动。

---

① 戴奥斯(H.J.Dyos,1921—1978),英国著名的城市史学家,是英国城市史的开拓者和奠基者。——译者注

第二章

英国近代社会的贫民生活

一、大多数英国贫民必经的仆人生活

根据上一章的结论，契约劳工移民整体上基本是由底层民众构成的，而且，从移民这种行为来看，不论是哪个阶层的人其生活都是困苦不堪的。记录中那些占很大比重的"无职业记录"的人，按当时的情况判断，他们统统属于"仆人"阶层。那么，这些"仆人"具体是怎样的一些人，他们在近代英国社会里处于着怎样的位置呢？爱德华·张伯伦[①]曾经说过"英格兰是仆人的天堂"，据他讲，"一般仆人的雇佣期通常为一年，期满之后，提前三个月提出申请便可离开雇主家到另一个雇主那里去"。在18世纪，另一部由G.盖伊·米亚基写的《大不列颠的现状》（The Present State Of Great Britain）中情况也大致相同，只是申请时间为一个月。两部书中记述的是以男性

[①] 爱德华·张伯伦（Edward Chamberlayne, 1616—1703），英国作家。据《斯图亚特时期英国历史书目》记载，其编写出版的《英国现状》（Angliae Notitia）一书自1669—1707年共出版二十二版，1703年后由其子继续出版，1755年的第三十八版为最后一版。——译者注

为主体的农仆（servant in husbandry）和家庭佣人的情况，其中前者的情况最为重要。这些人的特征在于年龄低、未婚、入住雇主家庭，而且雇佣期以年为单位。G. 盖伊·米亚基还讲到"学徒是另外一种仆人，他们接受训练，被要求做工 7 年。……另外，学徒按契约在做工期间不许结婚"，也就是说，除了在做工年限长短方面有所不同之外，学徒就是农仆在城市的翻版。

这样看来，只要不是出身层级相当高的上流阶级，大多数人从 15 岁到 20 岁期间都要经历这种广义的仆人生活，该现象堪称是工业化之前英国社会的状态。普通的英国人少有没做过仆人的，但是，做一辈子仆人的也不多见。可以说，做仆人不是英国人的"人生必经的阶段"，而是"人生必有的地位"。笔者认为，这个阶段的身份大致与日本现在所说的学徒身份类似。从 1758 年到 1756 年，哈福德郡西厂教区的 18 个仆人在 1764 年之前都转行做了其他职业。虽然，大多数英国人在青年时期都有过做仆人的经历，但却没有人终身为仆，由此，这种情况应该称之为"人生过程中的仆人经历"或者"作为人生一部分的仆人经历"。所以，人生过程中的仆人经历也可以称为是一种"人生过程中的职业"。其实也有学者研究这种风习，他们指出这是"年轻人学习成人行为的过程，即懂得社会规则的过程"。相对于学徒要有一定的财产条件，农仆则完全不存在这样的问题，同时，两者在稳定性方面也存在很大差异。尽管如此，"从整体来看……学徒与农仆未必有区别"，而且，构成这两种职业主体的14岁到21岁的人，"从某种角度看，他们还是孩子……从另外的角度看，他们则被视为成人"，按照今天的说法，他们大致相当于现在的"青少年"。因此，他们自然也就成了经常践踏规则的"狂怒的年轻人"。正因他们成了"危险分子"，于是在都铎王朝以后，英国陆续出台了强化雇主监督责任的法律。从社会管理的角度来看，仆人在雇主家被当作家庭成员看待就是理所当然的了。

作为仆人的经历在18世纪的英国贫民中非常普遍。例如，据卡斯摩尔推算，"在15岁到24岁的英国人中，仆人实际占60%左右"。拉斯莱特的数据比他更早，虽然数值略低一些，但是也证明了在15岁到24岁的人中，三人中就有至少一人是"仆人"，并且近半数25岁之前的女子是"仆人"。另外，根据1574年到1821年对63个村落的统计数据来看，拥有仆人的家庭占全部家庭比率的28.5%。然而，这些数据都是在特定时期的调查结果，所以，考虑到其后成为仆人的人和之前就是仆人的人的情形，可以说大部分年轻人都做过仆人。从作为雇主的农户

第二章　英国近代社会的贫民生活

一方来看，即使在这一时期原本不需要仆人的家庭却因为子女成家、丧偶、老龄等原因成为"空巢"则必须雇佣仆人。一个家庭从组成，再经过变迁再到最后消亡便形成一个"家庭存在周期"，从这一点来考虑，几乎所有家庭在某一个阶段都是靠雇佣仆人来维持的。

记录显示，1773年在贝德福德郡（Bedfordshire）的小村莱因霍尔德（Reinhold）就有六十多个仆人。据说"这类仆人中有一些人无疑是入住农村的农仆，他们做的活计包括擦烛台、磨刀、打水、做奶油奶酪、腊肉和火腿、洗衣物、腌咸菜、清扫暖炉、看火等，然而现在这些事情已经不需要做了，但是当时却需要大量做此类家务的家庭佣人"。然而，该村的人口到1801年仅有区区245人。根据17世纪末到19世纪初对救济对象定居地点的调查，在英国南部和北部11个郡的2201人中，有81%的人是以当仆人为理由要求获得"定居权"的。其中在牛津郡、巴克郡、汉普郡这三个郡的农仆人口占比就达44.4%，有时甚至达68.2%。由此可以推断，在底层民众的人生过程中，做仆人的经历特别普遍。

因此，可以说，在近代英国社会中，仆人具有过渡性和普遍性的特点。这一点在有关近代西欧社会固有家庭组织形态的研究中就早已明确了，其中具有代表性的成果就是众所周知的"海纳尔的报告"。包括海纳尔之后的研究在内,其核心观点认为有三个主要原因导致在16、17世纪,特别是17世纪末到第二次世界大战期间的西欧形成了这种情况:(1)晚婚和终生未婚的人口比例一般比较高;(2)家庭的基本结构为核心家庭;(3)存在普通民众一生中必须经历仆人生活的社会制度。

(1)的情况根据其与中世纪和古代的数据、东欧和亚非等地的数据进行对比很容易就可以确定。(2)的情况由P.拉斯莱德所做的地方人口调查研究也可以充分证明。例如,与之同时代的政治数学家格里高利·金在其著名的"社会成员构成表"中指出"劳工""佃农"等百姓的家庭顶多由三人或略多的人口组成,三代同住的可能性极低。如果一对男女结婚后不与其中任何一方父母同住,而是自己组成全新的家庭,那么,这对男女只有具备了维持生活的经济能力之后才能结婚。说得更简单一些,只要家庭手工业(proto-industrialization)带来的雇佣机会没有增加,那么继承的机会就会变得像抢凳子游戏一样不确定,换言之,只要继承不到父母的土地,就无法结婚并组成新的家庭。即便当时的社会并非封闭的、过于静止的。要想攒够足以成家立业的资金就只能晚婚。因此,(1)和(2)是相互关联的关系。

第二章　英国近代社会的贫民生活

另外，从相反的角度来看，因为晚婚，人们就有了早婚社会所没有的独身的青年阶段，而青年时代就成了他们当"学徒"或者经受"锻炼"的阶段，而占据他们青年时代的具体做法就是（3）的学徒和农仆的制度。如此一来，这一时期到了15岁左右的英国人的子女就得离开自己的家，以广义的仆人身份入住某个人家，而且只要他们在做仆人就不得结婚。后文中我还会提到这部奇妙的《倒霉的农夫》一书，该书中记录了一个老农夫，他在年轻的时候为了当仆人去干活甚至假离婚。总之，这些人在20岁以后会结婚，不再做仆人。结婚之后，他们通常也不会回到父母家与其同住，而是建立一个全新的家庭。本书以下各章将详细介绍这些人在不做仆人之后从事了哪些职业，当然，他们中的大多数人都是做周工或日工的短工。这种社会制度的存在导致了人们的晚婚，但同时也使人口随着经济的发展而增长，于是使得新生家庭保持了相当高的经济水平，从而为西欧世界的工业化提供了有利的人口条件。

表 2-1 "离开家庭"的男子平均年龄

职业	平均年龄（岁）	职业	平均年龄（岁）	职业	平均年龄（岁）
士兵	17.0	鞋匠	14.6	裁缝	14.0
石匠	17.0	农仆	14.5	织布工	13.8
搬砖工	15.6	面包师	14.4	船员	13.3
木匠/细木工	15.2	发型师	14.4	羊毛加工	13.2
铁匠	15.2	肉铺	14.3	烟囱清扫工	10.7

按照传统，少年在14岁开始做学徒，但是因为职业种类、地区情况的不同，少年"离开家庭（home leaving）"的年龄存在着若干不均衡。据K.D.M.斯内尔[①]对1700年到1860年这一时间段的调查，棉布印染业和造车木匠学徒是17岁，梳毛工和针织工学徒是12岁，烟囱清扫工学徒是10岁出头，而这一时期主要因为做农仆而"离开家庭"的少年则是14岁至5岁（表2-1）。不过，可以想见的是，后文将要提及的那些被教区收养并卖掉的孤儿和贫民家的孩子（即教区学徒）的年龄还要更

---

① Keith.D.M.Snell 是英国莱斯特大学英国地方史中心主任，著有《教区与归属》等书。——译者注

第二章 英国近代社会的贫民生活

小，甚至有不到8岁就当学徒的情况。不过，这种情况也存在着相当大的地区差别，因为这都取决于当地家庭手工业的兴衰情况。不论男女，"青少年"们都在有了从自家出去工作机会的时候才去做工，这样他们离家的时间也相应地会变得晚一些。

因为工业化的发展导致了家庭手工业的衰退，于是，在19世纪前叶，英国东部地区出现了家务对女仆需求的减少，这使原本比男孩晚1岁半离开父母家的女孩开始比男孩更早地离开了家庭。因为当时的贫民阶层普遍认为"女孩儿待在家里一分钱也赚不到"，所以要求她们"要比男孩更早离开家（做家务佣人）挣钱"。另外，按照旧的救济法，如果一个家庭里年龄大的孩子能够挣到超过家庭补贴（family allowances）的钱，救济补贴就会减少，于是有的人家就会尽早把孩子送出去干活。然而，随着1834年新救济法的实施，救济补贴被取消，接着又出现了家长把孩子尽量长时间地留在身边的现象。可以说，这种情形导致了"作仆人是人生的一部分"的崩溃。这样一来，就形成了入住别人家的仆人（因雇主而异）被当成该家庭一员看待的情况，甚至出现了有的仆人可以和雇主家的儿子同榻而卧的情况，甚至有的雇主让自家人称仆人的家人为"朋友"。由此可见，在工业化之前，英国的家庭

041

观和我们完全不同，与格里高利·金的社会成员表显示的一样，当时的政治数学著作中也记述了这个现象。根据他们的统计表可以推断最上层"世俗贵族"的家庭规模实际上有40人，其中有工匠和军官4人，劳工超过3人，一般随着地位级别的降低其人数就变得越少。格里高利·金将仆人视为雇主"家庭的一员"的观点是没有疑问的，生在平民家庭的青少年逐渐进入上层社会家庭做仆人的结果。同时，在社会结构的阶层里不存在"仆人"这一项，这就说明他们不被看成是社会中的独立的完整个体。事实上，格里高利·金的研究以及当时的"政治数学著作"中都没有出现女子、儿童和仆人，那是因为在当时的家庭结构里男主人在家中处于强势地位，从这种常识来讲，妻子只是"从属成员"，而只有户主才拥有社会意义（因此他有发言权）。前边已经说过，在政治数学著作的最后边才设了"女子、儿童、仆人"一条，这也说明在当时的英国，"女子、儿童、仆人"在社会上的存在意义几乎为"零"。

因此，尽管这些仆人在雇主家被当成家庭的一员，甚至被视为"近乎家人"的存在，可是他们却是绝对服从一家之主的"从属成员"。而且，假如雇主去世，他们是不会和雇主的孩子一样获得遗产继承权的。另外，假如据此就说他们和自己的家庭完全断绝了关系的话，那明显是言

第二章 英国近代社会的贫民生活

过其实。英国农村史专家 P. 霍恩对此进行了鞭辟入里的分析，霍恩指出："即便是通过雇佣市场求得工作的农仆或劳工，他们也和自己的家庭保持着联系。雇佣期满一年之后，许多仆人都想换雇主，但是却几乎没人离开原雇主家半径 16 千米的地方。他们和雇主一起住在家里，一起劳动，一起在厨房吃饭，如果是农仆，还可以和雇主睡在同一个屋檐下。"

乍一看，霍恩的表述似乎存在着矛盾，但事实上不管是否以年为雇佣期，仆人一般都会异常频繁地更换雇主。利奇菲尔德（Lichfield）的主教威廉·罗伊德曾对斯塔福德郡（Staffordshire）埃克尔斯（Eccles）教区做过调查，该调查最终被研究者解读出来，其中记录了一个曾做过仆人的染色工 R. 伍德，他出生在特伦特河畔的斯托克（Stoke-on-Trent），起初在什罗普郡（Shropshire）的纽波特（Newport）做仆人，半年后来到埃克尔斯待了一年，而后又在什罗普郡（原本受雇一年，结果待了两年）的阿斯顿（Aston）停留了两年，最后回到了斯托克的巴科诺教区，再后来他又回到埃克尔斯，在一个叫约翰·阿迪森开的作坊里做工。现在常见的例子是霍尔德内斯（Holderness）对约克郡平原九教区的调查，该调查的结论也认为在各类职业中劳工和仆人的地理流动性高，而且"虽然农仆很少出现在教区册簿上，但是他们的确会在每次契约即将结束时为寻找工作而在全国自由流动。直到19世纪晚期，在（东约克郡的）汉伯河（River Humber）和（西柴郡的）迪河（Dee River）以北地区，使用'仆人'是农业雇佣的常态"。

另外，这里所说的"仆人"中就有斯威夫特[①]在《仆佣指南》[②]中辛辣讽刺过的家庭仆人。在日本，研究这个问题的人不多，但是在英国则有J. J. 赫克特和D. 马沙尔的著作对此进行专门研究并广为人知。这种家仆与农仆的不同的情况即使在本世纪初[③]依然可以看到，即"城市里的仆人和农村的农仆完全不同，因为农仆与雇主家庭是同甘共苦的关系"。另外，从经济史的角度来看，当时学徒所做的工作有相当一部分与日本的学徒是一样的。然而，针对构成仆人主体的农业雇佣者的详细研究是最近几年才开始的。

---

① 乔纳森·斯威夫特（Jonathan Swift，1667—1745），讽刺作家、政治家、讽刺文学家。代表作有《格列佛游记》等。——译者注

② 原书名为 *Direction to Servants*。乔纳森·斯威夫特1745年出版的讽刺作品。虽然罗列的是在雇主家的厨师、侍女、女佣等仆人应该得到的训诫，但内容反而鼓励这些仆人养成怠慢、不当、欺骗等坏习惯，充满了讽刺意味。——译者注

③ "本世纪"为20世纪。——译者注

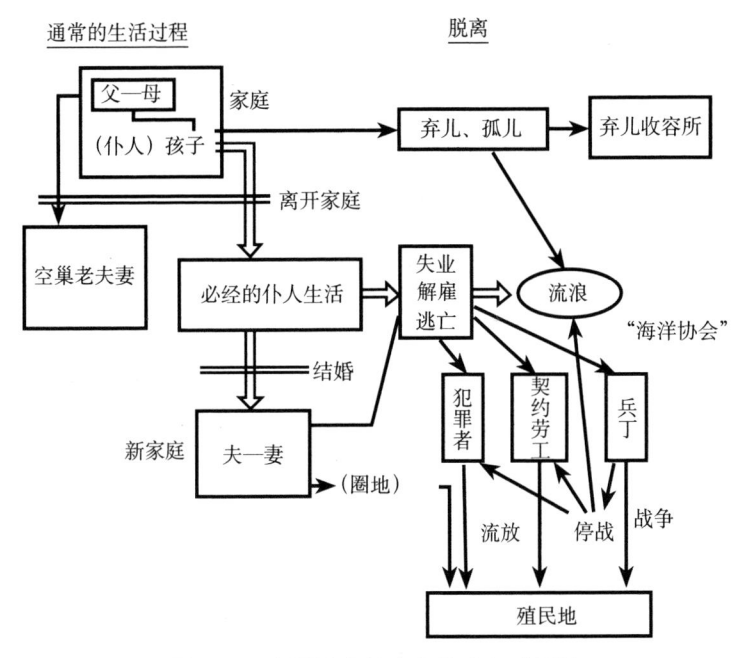

图 2-1 底层民众的生存轨迹与殖民地

由此可知，因为地区差异、时期不同、情形各异，仆人的经历呈现出多样性的特点。但是，在近代英国，平民家的孩子在父母身边的时候就要"帮助"大人看孩子以及做其他家务和家业。有的孩子或许还稍微学习一点手艺，当过了 15 岁以后便"离开父母"到某户人家去做某种仆人，一做就得十多年。至于做哪类仆人，取决于自家的经济条件或门路，因此，围绕着职业选择而引发亲子矛盾的事情也不少见。虽然想当船员的鲁滨孙·克鲁索①与其父亲的对抗是小说中的虚构，但是现实中确有与之完全相同的案例，那个游历世界且留下航海记录的船员约翰·巴罗就与其父亲发生过矛盾。不仅如此，即便到了工业革命时代，许多从事各类职业的劳动者都留下过自传，其中都讲过自己与父亲之间形成了严重的对立。

家庭比较富裕，交得起礼钱而当上学徒的人，除了因为受不了学徒之苦而逃跑的人或者期间父亲死亡的人之外，该学徒便入住某个师傅的家里接受技能训练。家庭佣人也要入住同一个雇主家中，但是时间会比较长，并在"行为见习"和"家务见习"名义下接受"技能训练"。与之相反，估计那些几乎每年都换雇主的农仆是没有接受过"技能训练"的，不过，后文中提到的《倒霉的农夫》一书中的主人公就以学习种麻（麻在当时是很有前景的经济作物）技术为条件签订的契约，这就证明农仆在接受雇佣时也有被要求接受"技能训练"的。总之，这些仆人从属于雇主，在许多方面其社会性的独立人格是不被承认的。一般情况下，仆人大多会在二十多岁时结婚，而一旦结婚就意味着结束其"仆人"阶段并组成新家庭，所以，婚后

---

① 鲁滨孙·克鲁索（Robinson Crusoe），是丹尼尔·笛福创作的长篇小说《鲁滨孙漂流记》的人物。——译者注

第二章　英国近代社会的贫民生活

他们就不得不寻求新的谋生途径。许多人以劳工的身份继续做农活，或以其他形式流动到城市或海外。总之，他们回不去那个谋职业就像抢凳子游戏一样的农村故乡了，最终也只能将年迈的父母扔在故乡。这样也就使得他们的家庭都是由亲子两代人构成的"核心家庭"。

那么，有没有某种史料可以展现18世纪英国民众的这种人生过程？前文提及的霍尔德内斯说过，"教区册簿"的本质就是记录洗礼与下葬的，通过"教区册簿"很难把握"在全国自由流动的仆人"的形象，而对于民众的生活过程来说，"仆人"毫无疑问恰恰是占据绝对地位的。事实上，就在成为剑桥研究小组人口史开端的诺丁汉郡库柯诺教区，在17世纪末就有四分之三的仆人在仅仅两年之内全部消失了，由此可知其流动性之高。因此，我打算研究一下与库柯诺教区同质的"地方人口调查"记录，即居民登记目录。幸运的是现存史料中有1782年贝德福德郡（Bedfordshire）卡丁顿（Cuttington）教区的详细目录，并附有斯科菲尔德（Schofield）的分析。在该教区，男孩一般在9岁之前都是在父母身边生活的，10岁到14岁的孩子中也只有五分之一的人离开父母。在父母身边的日子里，半数5岁到11岁的孩子都以某种形式上学读书。不过，过了15岁则有五分之四的孩子要离开家庭，待到

047

了 20 岁以后，离家者则达到八分之七。不满 20 岁的年轻人里没有已婚者，20—25 岁的已婚者也不超过 18%，25 岁以上的已婚者为 65%。另外，15 岁以上的有 78%、25 岁以下的有 68% 的人都成为包括当兵在内的"仆人"。也就是说，此时诺丁汉郊区的男子通常在 15 岁以后就因做"仆人"而离开家庭，25 岁以后结婚组建新家庭。

另一方面，该地区的女子从事织花边等"传统手工"职业。因为做工地点多为便于来往的关系，所以，较之同年龄段的男子只有 22% 待在家里，15 岁到 19 岁的女子则有 71% 不必离开家庭。但是，由于 25 岁之前结婚者不断增多，所以这个数值降到了 48%。

三分之二的男仆和四分之三的女仆都在距离原教区不出 8 千米的地方做仆人，不过，在做仆人的人中，年龄越大去的地方就越远，70 千米以外的伦敦也是很有吸引力的。于是，不论男女，一旦过了三十岁，就有超过四分之三的男子和三分之二的女子不在出生的教区了。

不过，这里列举的三种仆人的情况都有各自的历史消长过程。家庭仆人本来是男女都有的，可是随着工业化的发展使中产阶级得以扩大，加上有些人特有的"假装上流"的心态，使得中产阶级的人口数量激增，这样就导致了仆人成为女性从事的工作。于是，仆人的形象从乡村绅士家庭中的杂役或家仆变成了城市资产阶级家庭里的"女佣"。这样一来，维多利亚王朝的英国成为家庭女佣的全盛期，在人口调查中女佣作为一种职业其数量也是最多的。对于中产阶级来说，雇佣女佣成为身份的象征，所以，即使削减其他生活费也非得雇佣女佣不可。而且，在世人眼里，做家庭佣人也比农仆有面子，尤其在女性群体中这种情况尤为明显。然而，从1920年左右开始，未婚女子比起在工厂做"女工"，更希望去做可以学习举止修养的女佣的想法消失了，加之家用机械的发展导致佣人的人数迅速减少，所以第二次世界大战后英国贵族阶层也不得不转向依靠外国寄宿生①来做家务。另外，很多人一旦结婚就意味着放弃了仆人的工作。一位名叫阿比盖尔·安娜·弗罗斯特的女子，是诺丁汉一个食品商人的女儿，也是一个白铅制造商人的未亡人，她在日记中就记录了这种案例。例如，她在1781年5月1日（星期二）的日记中写道："我家的仆人托马斯·哈迪和毛利·巴特利奇结婚了，她原来是卡桑德拉·威洛比夫人的仆人……哈迪在八月辞了职。"

已经有许多著作研究了学徒的衰落问题。在1814年

---

① 英文为 Au Pair，即国际交换生，寄宿在某个家庭，协助做家务以换取膳宿、学习某国语言的年轻外国人，一般为女孩。——译者注

实行废除学徒法的稍早以前，这种制度的强制力就消失了，但是也有人认为这种制度其实在 1750 年左右就崩溃了。不过，1780 年前后似乎应该是转折点，但是其作为学习技术的方式则延续到了下个世纪。

尽管如此，学徒制度源于中世纪，而农仆的形成时期却不清楚，不过，可以肯定的是农仆是在中世纪农村秩序崩溃、资本主义发展的过程中出现的。海纳尔本人也认为，以晚婚和核心家庭为特征的西北欧固有的家庭形态顶多是在 17 世纪某个地区形成的。盖尔（Gaw）在他的《中部村史》中详细地记录了 17 世纪什罗普郡（Shropshire）一个贫民村庄发生的事件，其中讲述的是住在某绅士家三十多年的杂役、女仆和雇主间的事情，却没有提及农业雇工的事情。比较合理的解释是，一方面，也许因为当时雇佣农业雇工是极为普通的事情，所以没有被记述下来。而另一方面，虽然同样是 17 世纪，该制度在不同的地区却没有发展成典型的社会形态。关于这一点，在下一节里根据史蒂文森的观点也可以得到确认。

另外，哈塞尔·史密斯曾分析了 16 世纪末诺福克（Norfolk）北部的情况，他指出农仆发挥的作用非常重要，远比 A. 卡斯莫主张的"满足了整个农业劳动力需求的二分之一或三分之一（这应该是定论）"要高。不过，

第二章　英国近代社会的贫民生活

农仆的雇佣期限不见得只有1年，而应该是数年并且期间有若干次中止的时间，也就是说雇佣期是具有灵活性的。换言之，仆人现象无疑是普遍性的，而且雇佣期未必是按年计算的，因此，大概不是通过"雇佣市场"雇佣的。在同时代的埃塞克斯郡（Essex）和17世纪后叶的肯特郡（Kent County）也是一样的。在埃塞克斯郡的黑弗灵（Havering）通常是有83%的超过三个人的家庭都有仆人，但是当地并没有"雇佣市场"，城市里也没有"雇佣日"，但是在农村，从米迦勒节（Michaelmas）之后开始雇佣活动。在肯特郡，雇佣时间本身是相当不一致的。因此，不论地区差别的大小，可以肯定以"雇佣市场"和按年雇佣为特点的农仆制度是在18世纪形成的。那么，农仆制度衰退期的情况如何呢？根据卡斯莫的研究，1851年英国人口调查的结果显示，在大农场数量很多的南部和东部地区，农仆很少而劳工很多，在大农场数量少的北部和西部地区农仆的占比仍然很高。换言之，北部与西部的农仆的兴衰情况是错后的。

不过，A.L.比尔的研究没有特别限定于某个地区，他根据从N.韦伯那里得来的信息记述到"1520年到1700年期间，以'仆人'身份入住雇主家的劳动者数量降低了50%左右，在整个人口中的比率也减少了两成到一成"。可是，他的理由来自农仆以外的人群，而根本没有提供有关农仆的具体数字。

另一方面，近年来斯奈尔研究了与工业化过程平行的"仆人"衰退现象。原本这一现象的地区差别是很大的，但是，这种通常按年从事农业活动的仆人制度自1780年开始被确认进入了衰退期，究其原因有三。

第一个原因在于经营效率的提高。A.杨格的劲敌，那位负责经营农业的W.马歇尔就1776年6月6日当天伦敦近郊萨里郡（Surrey）的情况做了如下说明。

> 经过仔细研究发现，雇佣一名入住的成年男子身上所需的经费为一年35英镑，少年则为23英镑（成人的佣金为10英镑、少年为3英镑计算）。而一个按天雇佣的成人雇工，即使他每天工作也仅需27英镑10先令，少年则为13英镑。因此，即使不考虑雨天休息的因素，成人一年可节约7英镑10先令，少年则可节约10英镑。

第二个原因与家庭观有关。一位叫作约翰·埃尔曼的人在1828年的议会特别委员会上作证，他在证言中说道："近来，农场主的妻子与过去完全判若两人，她们对仆人进入自己的家庭很排斥。"埃塞克斯的神职人员约翰·考克斯在1847年的特别委员会上作证道:"现在农场主的绅士派头过于十足,他们夫人的贵妇派头也很过分,已经不能容忍像从前一样和劳动者同在屋檐下的生活。入住雇主家庭按年雇佣的农业仆人制度,已经成为过去,无法回到从前。"这就是说,仆人被彻底排除在雇主家庭成员之外,家庭成为由纯血缘关系的成员组成的单位。除去年轻和按年雇佣的因素之外,不再入住雇主家庭的农仆已经和劳工没有实质区别。1820年的另一份证言提供者说道:"(入住雇主家庭的农仆制度)近来已经不如二十年前兴盛,他们通常住在设在大农场的房屋里。"在英格兰南部则是五到七个年轻的农仆一起住在农场配备的集体房舍里,关于他们的记述在《皇家农业协会报》中可以见到,其中记述的年轻人已经与以前的雇佣农仆大为不同,不再被当作雇主家庭的成员,不过,结婚便意味着停止继续做仆人的习惯与其他地区相同。

第三个原因是农业经营者们要负担教区内的救济税。作为纳税阶层的一员,他们具有集体意识和地区意识。前文提到的考克斯说:"按年雇佣农仆制度对当地人是很好的,可是我认为在现今的当地农业中已经不存在了。……之所以没听说过有雇佣全年农业劳动者的案例,是因为农场主随时可以雇佣到打周工的人。一旦雇佣全年的劳动者，按照固定居住法的规定，受雇者便拥有在该教区的固定居住权和接受贫困救济的权利，所以，人们就回避了雇佣全年的劳动者的做法。"也就是说，有人想雇佣劳动力，可是劳动者本人因为失业而成为救济对象，为了把负担转嫁到别的教区，极为普通的做法就是将雇佣日期缩短到低于享受固定居住权的一年以下，并在这个时间范围内雇佣劳动力。

剑桥郡的情况也类似。考克斯说："由于不想给受雇者固定居住权，因此以年为单位雇佣仆人的习惯不像从前那样兴盛了。为了不让受雇者得到固定居住权，就将雇佣期定为不足一年。按照这样的方法，通常情况下农场主就能支付比按年雇佣更低的酬金。"19世纪前叶，这种方法得以被无限制地应用，而且在统计方面确认该类事实案例也非常容易。围绕劳动供给和固定居住权（由此造成救济负担）引起了地主、农业经营者的地区间对立以及他们与城市、工业资本形成了对抗关系，这种情况属于社会政策学方面的问题，该类问题在日本也有过研究。

总之，这种从仆人转为劳工的形态原本属于个人的人生经历，但最终也成了英国社会整体的历史发展状态，也就是说，系统性发展与个体性发展走了同样的道路。当不

第二章 英国近代社会的贫民生活

想给受雇者固定居住权的意识与入住雇主家庭的制度的废除发生重叠时，给英国人的生活意识和家庭观带来了巨大的变化。正如 18 世纪末的 A. 杨格早就说过的那样，入住雇主家庭的制度的消失和废除学徒制度一样，是"无人遵守安息日，道德滑坡的主要原因之一。那些人因为离开了家长的监督，于是就可以在自己喜欢的地方，和喜欢的人一起睡觉，而且也很少再去教堂了"。广义的仆人制度，即人生过程中的仆人制度正是海纳尔阐明的导致晚婚的制度，也是保证劳动力供给的一种手段，尤其是该制度与学徒制度一样是一种兼具传习技术性质的制度。然而，该制度往往更是一种将那些容易脱离既成社会的青少年放在家长（雇主）身边看管的制度。不过，在下一节中将提到一些人却站在完全相反的立场上批判伴随着人生过程的仆人制度而形成的"雇佣市场"是违反道德的，这种现象饶有趣味。

当全年雇佣变少，入住雇主家庭的仆人数量降低，青少年的"父母家"即"我的家"的意识增强了，这也是那些不想给受雇者固定居住权的雇主们的目的，也是近世家庭向近代家庭转变的原因。不足一年的雇佣契约增加了受雇者在收获之后"返乡"的天数，增强了拥有属于"自己的家"的意识，到雇主家做工不过是"上班"。这样一来，仆人被视为雇主家庭中一员的条件就几乎不存在了。原本在仆人的意识中，雇主家的阶层是略高于自己家的，而自己被当成该雇主家的一员，那么，"自己的家"的意识增强会给这些年轻人阶层意识的形成带来怎样的影响呢？这个问题应该成为今后研究的课题。

仆人是农业雇佣劳动的主力，虽然该制度是近世社会的一大特点，但是，其使命在19世纪中叶结束。如果说在该制度达到顶峰的18世纪，一般情况下，英国人都会在别人的家庭而非自己的家庭里度过人生的一个阶段，那么，他们在结束了仆人生活之后会走上一条怎样的人生道路呢？家庭结构史的研究给出了明确的答案。概括地说，他们或是因为结婚而结束了仆人生活，或是因为没有找到下一个雇主而转了行。总而言之，几乎没有人回到故乡的"父母家"，并且"无法确认是否有（为了照顾年迈的父母）孩子们放弃了工作……回到老家去的习惯"。他们在15岁以后离开父母家，最终自己结婚组成新的家庭，而父母家里则变成了只有老迈双亲的"空巢"。因为已婚的人没有继续做仆人的，所以，他们会找别的工作，不过，他们所做的肯定是"上班"的农业劳动者，用当时的说法就是"工人"。牧师兼地主的J.伍德福德（Woodford）因留下了内容覆盖18世纪后叶到19世纪的生动的日记而闻名，他在 26 年里就解雇了 25 名仆人，在有明确解雇理由的 15 人中有 7 人是以"过了做仆人的年龄"为由主动辞职的。从前文列举过的哈福德郡西厂教区的案例来看，在可以确定是 1758 年的 18 名仆人中，虽然到 1763 年仍能确认踪迹的有 7 人，但一直做仆人的却只有一人，而这个人在第二年也去向不明了。另外，做农业工人的有 4 人，做工匠和农民的各 1 人。那个做农民的人大概是从他父亲那里继承了土地。在 J. 伍德福德雇佣的仆人里，还可以确认有后来入伍当兵的人。在当时，男子当兵和女子卖淫一样被人瞧不起，是一种可怕的职业，可以说，当兵是因为无法继续做仆人的一个痛苦的选择。

在三类仆人中，农仆占据着重要的位置。前文提到过传闻一个叫作查尔斯·瓦利（Charles Varley）的人写了一本《倒霉的农夫》的书，书中生动地描写了农仆的实际生活状态。书中的主人公与继母关系不佳，虽然受过一些教育，但是他 14 岁时就决定去做仆人，然后去了陌生的邻郡，在那里遇见了雇主。起初的一年，他的工资只有 5 先令，可是，一年后到了新雇佣期开始的时候，他的劳动能力已经得到了认可，因此，第二年他还在同一个雇主家做工，工资却破格给到 6 英镑，同时雇主还以教给他艺麻这种经济作物的栽培技术为条件，多签了一年的契约。

后来，他虽然一度回到父亲身边并且帮忙到附近的集市或市场卖过农产品，但最终为了逃避继母而秘密计划去美洲。不久，他在约克郡的港口城市海尔（Hayle）与经由西印度群岛去纽约的轮船船长约定到达目的地时签订为期4年的学徒契约（就是所谓的近似"受助者"的契约，这种学徒契约在实际的史料中都能看得到）。该船计划先从纽卡斯尔（Newcastle）运煤到伦敦，可是途中卷入了英国对法国的战争，主人公险些被海军强制征兵队抓了壮丁。他担惊受怕地准备返回家乡，途中遇见一位已经75岁的老农夫。他得知这个老农夫年轻时就结了婚，可是，他担心因为没有固定居住权而老无所依，于是农夫与妻子商定两人秘密分居，假装独身并以仆人的身份入住雇主家。一年以后，他们在教区里"装作初次见面，再一次结了婚"。这样一来农夫就获得了固定居住权，将来"上年纪、生病或者行动不便的时候"就能申请救济了。老农夫后来吃了很多苦，但总的来说还算是成功的，现在他自己也开始依靠雇佣仆人来打理他的农场了，而书中的主人公就是受雇于这个老农夫的年轻仆人。他曾说："我父亲是个农场主，他年事已高，我迟早要接他的班。为了接班我得学一些本事，所以我想在这里做一年仆人。"其实这是他的借口，这是他第二次做仆人，而且一做就将近两年。后来，他就到爱尔兰、美洲等世界各地游荡去了。

故事虽然是虚构的,但是其中描写的老少两代英国农民的生活还是具有代表性的。彼时,英国的年轻人在国内没有自立的机会,这也意味着他们没有结婚、组成新家庭的机会,那么,他们就将目光转向了海外。萨莱诺(Salerno)对J.C.霍廷整理的目录中记录的100余位从威尔特郡(Wiltshire)到美洲移民的动机做了详细的分析,他指出当时在该地区不论农村还是城市,做完仆人的年轻人事实上都得不到自立的机会(包括结婚)。在近代的英国,中下层民众流动的目的或者是通过学徒制度去城市,或者是去森林牧场组建家庭,当这两条道路都被堵死的时候,他们就会选择到国外去。

二、进行"人口贩卖"的英国雇佣市场

"入住雇主家庭的农仆是每年通过'劳动力雇佣市场'即'法定雇佣市场(statute fair)①'雇来的,其中包括管理员,即现场监督员、锄地工、牛倌、羊倌、车夫、挤

---

① 根据英格兰古法,法定雇工市场是根据1349年劳动法建立的市场,每半年举办一次,男女均可于此受雇。——译者注

奶工和若干帮忙打杂的儿童""在规模比较大的村子里，在9月29日的米迦勒节（Michaelmas）会有'法定雇佣市场'，即雇佣市场，运气好的男女能受雇一年，并当场签下契约。羊倌、马夫、挤奶工或作奶酪的女工、洗衣女工等所有人都拿着写有各自工种的牌子，需要用人的男女雇主逐一和他们签契约"。早在1677年，牛津郡的范伯利（Vambery）的一些集市上至少会有一个"拖把市场（The Mop）"①，即雇佣市场（大概是米迦勒节之后的星期四的集市）。在那里，求职者也拿着写有各自工种的牌子。1760年因为天花流行，该集市迁移到了城镇郊区。

如前所述，按年雇佣仆人的制度给英国百姓的家庭结构和亲子关系带来了决定性影响，正如字面意义表示的那样，能够实施该制度的核心是拥有作为劳动力市场的雇佣市场，即当时通称的"劳动力雇佣市场"。雇佣市场是由作为该郡政府官员的警察总长根据1562年的"工匠法"正式管理的，所以，被称为"法定市场"，即作为"法定集市"而广为人知。那么，这种制度的实际状况是怎样的呢？例如，那些为了生存而自愿选择去美洲做契约劳工的

---

① 当时的受雇者在等待雇佣时，各自手里拿着表明工种的工具，如清洁工拿着拖把，挤奶工拎着奶桶等，由此，人们将"法定雇佣市场"俗称为"The Mop（拖把市场）"。——译者注

第二章 英国近代社会的贫民生活

年轻人是否与他们在国内的农户家做农仆之间存在巨大差异？为了明确这个问题，必须弄清楚当时的具体情况。

正因为仆人制度在英国是普遍存在的，所以这种集市在18世纪的英国各地随处可见。然而，遗憾的是，在当时普遍的、常见的事物却往往很难留下史料。不过，人们熟知的托马斯·哈代在他的小说《远离尘嚣》（Far from The Madding Crowd）中对集市的情况有生动的描写。在这部小说的第六章里就描写了被称为德切斯塔象征的卡斯特桥的大集市，即在某年的2月开市的雇佣市场。可是，小说描写得再怎么真实毕竟还是小说，其实，正因为雇佣市场是人所皆知的现象，所以在那个时代人的日记里经常可以看到相关的简单记述，但详细的记述却很少。例如，哈钦斯（Hutchins）的《多塞特①郡史》（全四卷）曾被哈代作为素材之一，该书详细介绍了郡内的集市。虽然其中提及47处集市，但是笔者却未发现有明确说明"雇佣市场"的内容。从这些集市的日期及交易目录可以推断其中应该有不少带有"雇佣市场"的集市。不过，大概当时的人觉得这些不值得记录下来。虽然J.伍德福德牧师对自己雇佣的仆人做过详细记述，但是关于"雇佣市

---

① 现为英格兰西南部的一个郡。——译者注

场"他也只是留下了只言片语,"今日正值利普汉为雇佣的仆人进行小型治安事件审理和裁判的日子,所以在回来的路上遇到许多到那里去的青年男女"。

尽管如此,通过仔细查阅史料,并非完全找不到揭示这种集市真实情况的记述。例如,W.马歇尔与A.杨格同为18世纪末的农村问题专家,他留下了这样的记录。

> 1784年9月27日
> 今天早晨,我骑马去了"伯兹沃思的法定雇佣市场",即农仆的雇佣市场。那里是本地区唯一一个著名的雇佣市场,我认为就算在全英国这也是此类市场中最大的。仆人们(特别是来自莱斯特郡的仆人)不远8千米、32千米、48千米也要步行赶到这里来!(被召集到指定区域的)仆人数量多达两三千人。

对于在半径数十千米地区的农仆来说,如果说这一天是他们每年一次的"解放日",那么,这个人数属于很正常的。以前,这种聚集曾引发过暴乱,最终通过取缔集市才使暴乱得以平息。不过,马歇尔还指出,民谣歌手在集市上的演唱活动容易诱发好吃懒做和性放纵的情况至今没

第二章　英国近代社会的贫民生活

有改变。

1862年12月末,一个叫作A.马恩比的人造访了约克郡的"劳动力雇佣市场",并讲述了他所见的情况。

> 女孩子们排成两排,站在市场围墙边上的人行道上等待雇佣。农场主或农场主的妻子与女孩子商谈雇佣的事情,一个妇女问女孩:"你做过仆人吗?"女孩回答:"没有。"女人便说:"那可不行,没做过还想在这里找工作,是绝对找不到的。我问你,你打算要多少工钱?"本以为这个妇女没有下文了,不料却以这样的对话结束了她们的交谈:"好吧,你星期一就到我家来吧。"

米迦勒节过后,雇佣市场在南部和东部开办得比较多,但是其中地区差别非常大。例如,那位对激进主义思想产生共鸣,漫游过各地的百岁奇人西拉斯·内维尔曾于1769年生活在东部的大雅茅斯(Great Yarmouth)近郊,他在日记中写道:"因为我知道《自由之友》那帮人多次在伦敦的报纸上登出警告新教徒仆人的广告,号召他们不要为天主教家庭做工,所以我觉得也应该在知识类报纸上登载,于是我对文章做了一些改动就寄出去了。因为在这个地区仆人是在米迦勒节签雇佣契约的，所以，我要抓紧。(9月21日)"五天以后的9月26日，"吃过午饭，我去了为了凯斯特的法庭即仆人为了签契约而聚集的市场"。可是，用马歇尔的话来讲，"在播种小麦的农忙时节换仆人是一种非常愚蠢的习惯，……而英格兰北部把圣马丁节（11月23日）当作唯一的仆人交换日期则比南部强得多"。其实，诺丁汉在1723年发布了这样的法令，"（因为有的人已经签了契约却为了找到条件更好的雇主在市场里走来走去）本州境内所有的警察部门都规定仆人雇佣市场要在10月10日或26日开市"。再看一下诺丁汉郡和贝德福德郡（Bedfordshire）等中部地区地主的日记，可以发现这些地主频繁出入各种集市，这也是他们最主要的工作之一。例如，有一个叫作约翰·培德利的地主在他1777年10月10日的日记里写道，"因为给仆人们发工钱而忙得不可开交"。由此说明，10月10日这一天是雇佣市场开市的日子。

那么，雇佣市场究竟是什么呢？隶属于英国社会史研究核心之一"历史研讨小组（History Workshop Group）"成员的J.科特林根是这样描述的："'入住的'仆人，不论男女老幼都是通过雇佣市场雇来的，宗教人士和道德家们屡屡指责雇佣市场是罪恶的，但是，这类市场

第二章　英国近代社会的贫民生活

却依然持续到了19世纪末。不管哪里有'法定雇佣市场日（Statute Day）'，对于身上仅有一文钱的劳动者来说那都是他们的节日。因为市场里有小吃摊可供品尝和旋转木马可供游玩，一旦签了契约之后，他们通常就会喝大酒放纵一番。男子就像身处险境的野兽或畜生一样被人品头论足而饱受屈辱，女子则更遭人诟病。然而，实际上雇主与仆人双方都有选择权。"

J.科特林根的这一结论在很大程度上是可以接受的。然而，英国人民在生活的每个角落都能感受到这一制度的影响。例如，19世纪被送往殖民地开普①接受"矫正"的"不良少年"也被卖给了种植园主，其方式与被黑话称为"白牛市场"的雇佣市场类似。雇佣市场深入英国人民生活的每一个角落，但这一事实并不意味着我们讨论19世纪雇佣市场的利弊并作另一种解读是毫无意义的。

批评雇佣市场的主要是一些道德家。而19世纪的道德家们经常性的说教代表的完全是赤裸裸的资产阶级的利益。

下面列举两个批评者的观点，这两个批评者都是19世纪中叶的人。首先，来看一下约克郡的宗教人员G.J.

---

① 位于南非西南部。——译者注

切斯塔的观点。他断定雇佣市场的突然出现，是已经步入文明的基督教国家不该有的野蛮风气，他对约克郡著名的"等待雇佣（Sitting）"和"雇佣（Hiring）"两个集市进行了描述，并认为该制度对所有当事人、对整个社会都是有害的。下列引文有些长，不过其描述了当时英国雇佣市场的真实状态。

> 在11月的一个阳光明媚的早上，转眼之间就喧闹起来，市场所在的街区里到处都是来自邻村的穿着盛装的青年男女和少男少女。年龄最小的从12岁到15岁的居多，通常都是第一次离家做仆人的。不过，以前做过仆人的孩子手里一般都有许多钱，那是因为农场主只在雇佣结束的时候发放工钱。白天，街上到处都是求职的人和求雇男女仆人的农场主，雇佣市场一天的交易就此开始。
>
> 农场主不论男女，在他们想要雇下某个仆人时就会给他（她）少许通称"上帝的钱币"的钱。但是给的数额并不固定，有时给5先令，有时给半沙弗林。仆人收到"上帝的钱币"就等于签订了从现在到第二年圣马丁节的雇佣契约。实际上，如果在仆人没有开始做工之前的任何时候把钱退还给农场

主都可以被视为取消雇佣契约。不过,通常受雇者收到"上帝的钱币"之后,都会马上花掉,所以暂时还没有发生过取消契约的情况。

这样一来,当天的交易就结束了。接下来便是每次必不可少地到酒馆去大肆放纵,小提琴和风琴的声音在弥漫的烟雾中回荡。小偷和卖春妇也悉数登场,(即便是通铁路的城镇)没赶上末班列车的男女则会开始纵欲。

原则上,农仆有三次去雇佣市场的权利,但是,除去市场开放那一周之外,他们是全年无休的。

此外,切斯塔还强调这个制度对于雇主、受雇者和整个社会都是有害的,并列举了各地警察总长的证言作为证据。该制度尤其对仆人的害处最大,因为这是与文明的英国不相符的一种人身买卖,其实就是等同于美洲的奴隶拍卖。加之雇主就像挑拣商品一样,不顾受雇者的品格而只看其体力(也只是通过外表)来决定取舍。而且,因为是按年雇佣,所以雇主并不关心他们的教育和福利,这也是受雇者早早就开始饮酒和纵欲的原因。

约克郡各地(当时)那些回答切斯塔问题的警察总长

们也大体证实了这种情况。例如，今亨伯赛德郡大德里费尔德的警察总长就认为"法定雇佣市场才是各处都有烂醉的醉汉和不道德行为的祸根"，他的结论是"我敢断言，如果取消雇佣市场就可以预防许多犯罪和不幸的发生"。蒂斯河畔斯托克顿[①]（今克利夫兰郡）的警长也指出雇佣市场"尤其危害年轻人的道德"。仆人本身有许多值得同情的地方，因此，达林顿的警察长认为应通过改变雇佣形式来"提供更健康的娱乐"，韦瑟比和雷蓬的警察长也表达了相同的意见。约克郡主教区教育局局长也认为雇佣市场是青少年沾染恶习的温床。

因此，切斯塔建议绅士们（贵族）要率先雇佣自己所在教区的人，选择的条件应该以重视对方的人品为主，而且还要给仆人放假。可以说切斯塔的这种建议充分反映出了道德家们的单纯和脱离现实。

N.史蒂文森与切斯塔的立场极为接近，他也对雇佣市场提出了批评。史蒂文森引用了与前文提及的米德尔村比较近的西部伍斯特郡和华威郡各地警察总长的大量证言，其中来自在伍斯特市从警20年的齐普警长的一份证言就相当生动。

---

① Stockton-on-Tees，英格兰东北部单一管理区。——译者注

第二章 英国近代社会的贫民生活

  雇佣农仆的法定雇佣市场,也就是"拖把市场"开设在伍斯特的圣约翰。男子站成两排,农场主们在他们中间走来走去,物色合适的人选。一旦选中便带到酒馆里去签契约。女子与男子一样站成两排,等待被人挑选。绅士或其他的人出于各种目的挑选身体健康、面容较好的姑娘。……我看到一位开酒馆的朋友挑选了一个貌美且身体好的女子,便问道:"有什么必要选个姑娘呢?"他的回答是:"我老婆不知道跑到哪里去了,我身边需要有个人。"

  "拖把市场"一结束,剩下的就是极尽疯狂的喝酒和喧闹,警察有时得出动数次以制止他们的胡闹。到了夜晚,圣约翰的市街上到处都能看到醉醺醺的情侣。……女孩子很容易陷入人贩子的陷阱从而被卖到娼馆。

这样看来,道德家和警察的说法是一样的。法定雇佣市场就是出丑的地方,也是人身买卖的地方。它剥夺了青少年受教育机会,它"恐怕是这个世界上的恶之巅峰"。在那里,无人在意受雇者的性格,雇主则一味看重体力。"因为法定雇佣市场就是窃贼、卖春妇和骗子的聚集地,所以，在社会上是一处令人深恶痛绝的所在。"在教士的呼吁下，考文垂（Coventry）、约克郡（Yorkshire）、林肯郡（Lincolnshire）等地召开了公众会议（public meeting），对雇佣市场的不道德性进行了谴责。

如此有害的"雇佣市场"其实也不是一种历史悠久的制度，史蒂文森就说过，这样的市场"通常在9月初或10月初开市，其起源非常久远，可是在华威郡和其周边地区顶多是从七八十年前才有的，许多都是从我记事的时候就有的"。不过，他推测市场是因为酒馆揽客才开始形成的，我认为他的这种解释有些过于穿凿附会。

但是，雇佣市场的批评者不只是道德家，早在18世纪末，前文提到的农学家马歇尔就提出了他的观察和见解，他讲到在英格兰西部，"仆人雇佣的时期和地点都不是确定的。……（农仆）被雇主按年雇佣或按半年雇佣或按周雇佣。……失去工作的仆人或是求熟人介绍或是四处走访农场来找工作。……这种情况对于农场主来说是最便利的，对于仆人来说虽然会花费一些时间，但是不会像在露天的公共市场（雇佣市场）上等待被雇主挑选那样屈辱"。马歇尔首先指出，这种情况有利于农业经营者提高效率，从这一点来看，也可以说明这种做法是相当有效的。

虽然雇佣市场进行人身买卖的人很多，但是马歇尔的观点也是不可否认的。很显然，前边提到的那些市场其实就是家畜交易市场，尤其酷似"马市（horse fair）"，而雇佣市场的场地也与家畜市场和马市一般无二。例如，前边提到过的牛津郡的范伯利（Vambery）曾经号称范伯利郡，是一个对周边地区影响颇大的城镇，它也因为马市而闻名。另外，我们知道，在托马斯·哈代的小说《卡斯特桥市长》开头部分提到的"卖妻"行为，通常也是在雇佣市场进行的。毫无疑问，"卖妻"是为了将宗教所不允许的离婚变成可能的一种手段，这是民众"发明"出来的陋习，从其买卖过程来看，显然是把妻子当成"马（广义上的家畜）"一样出售的。正如前文提到过的那样，在18世纪盛行的《政治数学书》中常常把"妇女、儿童、女佣人"统一定性为"社会上可有可无的人"。然而，与其说她们是"可有可无的人"，不如说她们受到的是近似家畜一样的对待。

与此同时，契约劳工移民中也有人在殖民地"被卖掉"，将英国的情形与在殖民地"被卖掉"的"受助者"的情况两相比较则颇有意味。

另外，暂且不谈此类批评材料，现在来看一下是否还有稍微中立一些的数据。W.欧文的《全国集市指南》及其延续到19世纪中期的后续版本是唯一成系统的史料，但从中却未能发现太多有关雇佣市场的信息。例如，1756年版的《全国集市指南》里记录了大概一千多处集市开办地以及日期和交易商品等内容，交易物品目录中提及"仆人"的仅12处，可以说几乎没有怎么记载。不过，仅有的12处记载中除去北部、东部之外均分布在英国各地，集市的开办日期基本上是9月21日到25日或10月10日。

一般的集市都是在一年内同一个场所开办几次，所以核查开办地的数量或许没什么意义，可是，到了1783年版的《全国集市指南》中，集市的总数为1375处，其中有21处明确记录为"雇佣市场"，而亨廷顿郡的集市是在8月1日这个奇怪的日子开办的。与以前的版本一样，雇佣市场分布在巴克郡（3处）、白金汉郡（2处）、哈福德郡（5处）、牛津郡（5处）、米德尔塞克斯郡（3处）等接近首都圈的郡。

进入19世纪，也就是到了上文所说的道德家们大肆批评的时期，在这一时期出版的1859年版《全国集市指南》中可以确定仅英格兰就有30处左右的雇佣市场，然而，这些雇佣市场的分布以北部和西部居多，也增加了在10月、11月开办的市场。不过，更特别的是其中大量地记录了威尔士（12处）和苏格兰（52处）的市场情况。不难想象，欧文这样做的目的可能是想表明他搜集了边境

第二章 英国近代社会的贫民生活

地区的信息，同时也是为了反映英国农业地区结构分布的变化。事实上，英国东部和南部的市场在减少，就连著名的牛津郡范柏利的市场都消失了。由此可以断定，定期开办雇佣市场的习惯从近代英国的中心地区逐渐向边境地区转移了。18世纪后半期，在经济发达的地区，农业经营合理化取得了发展，雇主放弃了按年雇佣仆人的做法，而是仅在必要的时候才雇佣劳力。由于这种做法已成风气，所以导致了雇佣市场的消失。因此，在农村就出现了明显的季节性失业，从而导致劳动力过剩。通常研究者认为，这就是在该时期不可避免地要对例如吉尔伯特法和苏比南兰那样的救济制度进行调整的理由之一。

这些变化与本书专论的契约劳工移民有关。以契约劳工形式移民的消失，是美利坚合众国建立的关键条件之一。这一时期正是典型的雇佣仆人模式开始瓦解的时期，原因在于以首都为中心的南部和东部地区雇佣市场的风气开始衰落了。在英国，契约仆人被商人买下，然后拍卖给北美种植园主的现象在后人看来是非常凄惨的，但对同时代的英国人来说，这种状况在许多外省城镇都是司空见惯的。当雇佣市场开始受到批评时，来自英格兰的移民也开始消失了，从英格兰到北美的主要移民来源本身也转移到了爱尔兰和苏格兰等凯尔特边疆地区，因此不能说仅仅是由于

073

北美的情况发生了变化。

另外,正如"人生过程中的仆人经历"这一说法的字面意思,仆人经历只是人生过程中经过的一个点,所以几乎没有人一辈子做仆人。那么,近代的英国青年在结束了仆人生活之后都去了哪里？使他们决定结束仆人生活的最大动机无疑就是结婚,因为他们很少有人会回到尚在人世的年迈双亲身边,所以这就意味着他们组建了自己的新家庭。组成了自己家庭的人不可能继续做入住式的仆人,所以,在农村就只能做按日雇佣或按周雇佣的"劳工"。而这样的生活是相当艰苦的,正如前文提到的格里高利·金制作的"社会成员表"中明确记载的那样,他们的家庭生活会形成慢性赤字的状态,尤其受到庄稼收成好坏等因素的影响,使得失业的风险巨大。J.伍德福德作为地主兼神职人员,生活在18世纪后半叶临近巴斯（Bath）的西部和东部盎格鲁的农村,他在日记中就曾记述了每年从他那里离去的仆人的情况。在18世纪末的26年间,共计有25个仆人辞了工,其中有15人因染上了酗酒和偷盗的恶习而没有续签契约,其余的人都是自己主动辞工的。后者中有7人以"年龄"为理由提出了辞职,其实是他们想做独立的"劳工",其他还有人"当兵入伍"去了,上文也提及过这种引人注意的案例。

第二章　英国近代社会的贫民生活

不过，即使继续做仆人的人，其失业的可能性也很大。从1564年到1596年这段时间里，在埃塞克斯逮捕的流浪者中有近半数的人自称是"仆人"。就算雇佣市场发挥了很好的功能，但只要劳动力供给不均衡，失业就难以避免，而失业的仆人为了求职只能到处流浪。即使在比较稳定的农村，仆人也几乎很难能找到工作。诺丁汉郡的科雷沃斯是人口史研究的开创者，在1688年，他的家里就有67名仆人，可是，在12年前的1676年的数据中能够查到的仅有1人。北安普顿郡的情况也大致相同。学徒的情况也一样，学徒阶段结束之后的就业率相当低。

假使学徒或仆人顺利地找到了雇主，也常被中途解雇，哪怕法律上是不允许的。雇主解雇仆人的借口几乎都是生病、偷盗和性放纵，另一方面，记载学徒和仆人逃跑的史料也不少。

因此，当仆人结婚成家，变成靠打工挣钱的人时，同时也就走上了因失业而流浪最终沦为犯罪之徒、因性放纵而生出私生子的道路。另外，后文将详细介绍那些参军入伍当"士兵"的人的情况，其实他们的决定也是一种别无选择的"选项"。事实上，从1597年到1608年这个期间被关进监狱的人中就有56%的人自称是"仆人"。在18世纪的英国，除失业和流浪之外，讨饭、卖淫、盗窃等犯罪行为以及当兵就是贫民生活的常态，而且他们在这些形形色色的角色中频繁转换。毫无疑问，成为契约劳工到海外去就是这类选项之一。然而，情况不仅如此，近代英国将大多数犯罪者"处理"到了殖民地，大多数"士兵"最终也被送往了殖民地，这种情形正是英国的特色。

女仆的"性放纵"对象多为雇主和雇主的儿子，《约瑟夫·安德鲁斯》①之类的小说反映的就是当时的状况，而且前文提到的米德尔村就有许多这样的例子。作为地主兼神职人员的J.伍德福德在他的日记里就屡屡提及仆人"性放纵"的实例，其中在审判中获胜的米德尔村的玛利亚·格斯特就是一例。当时，那些生了私生子的可怜的女人们为了避人耳目通常都逃到了伦敦。大多数私生子无疑沦为了近代英国社会特有的"弃婴"。然而，就连处理这些"弃婴"的行为都能看到近代英国历史中挥之不去的殖民地的影子，这些问题将在后文中探讨。

那么，就让我先从犯罪的问题开始谈起。

---

① 英国小说家亨利菲尔丁（Henry Fielding, 1707—1754）的小说，书中描写了安德鲁斯历经做仆人、流浪的遭遇，最终与情人幸福地结合。——译者注

第三章

被强制渡海流放到美洲的英国移民

一、成为监狱的美洲殖民地

判决地点：东雷特福德①

判决日期：1723年1月7日。

因从克里斯托弗·登普斯特的小船上盗窃3打金属纽扣、2打玻璃纽扣、盗窃裁缝店剪刀、盗窃物主不详的短刀（价值2先令②）各一把、盗窃弗朗西斯·莫森家酒桶、盗窃石板、盗窃袜带一双、盗窃10先令，故判处窑松船夫威廉·巴顿流放美洲七年，地点不限。

判决时间：同上

判决地点：同上

因打破弗朗西斯·莫森家大酒桶并从中偷盗大量白兰地（价值10便士③），故依据议会制定法案数项

---

① 东雷特福德（Eeast Retford），位于英国诺丁汉，是英国古老的集镇之一。——译者注

② 先令（Shilling），1镑等于20先令。——译者注

③ 便士（单数penny，复数pence, pennies）是英国货币单位，18世纪1英镑等于约600便士。——译者注

第三章　被强制渡海流放到美洲的英国移民

法条之规定，判处波特里[①]的席德尔即约翰·席德尔流放七年。

判决地点：同上

判决时间：1728年5月3日

现居住于海顿的约翰·塞尔比偷取了物主不详的小麦2配克[②]（16夸脱[③]），故判处流放美洲殖民地七年。

以上是由K.T.米尔比（Milby）编写的记录中有关18世纪诺丁汉郡对99名流放犯的判决情况。在当时，区区10便士只相当于工匠半天的工资，可是，在店铺里偷盗了鞋和帽子的克里斯托弗·亨泽和偷盗了两条亚麻床单和枕套的理查德·斯坦顿却被处判流放美洲七年。

由此可知，当时英国对盗窃犯处以十分严厉的"流放"惩罚，乃至流放到美洲这样遥远的海外之地。然而，

[①] 波特里（Portree），是英国苏格兰高地行政区的一个城镇，位于内赫布里底群岛斯凯岛上。——译者注

[②] 配克（peck），容量单位。英制1配克等于9.067升。——译者注

[③] 夸脱（quart），容量单位。英制1夸脱等于1.136升。——译者注

在 1775 年 10 月 2 日的判决中 W.弗莱查因偷盗一只公鸡就被流放美洲七年,之后便未见再有关于流放的记录。换言之,从那以后判罚的形式发生了微妙的变化,而到了 1778 年 10 月 9 日,出现了如下记述。

> 依据近日议会制定法案之规定,年龄约五十六岁的约克郡学徒 R.哈金因盗窃 10 码[①]亚麻布,故判处五年劳役并在米德尔塞克斯[②]监督员的看管之下……清理泰晤士河泥沙。

同样,一个名叫 M.维特利的人因盗窃 2 条麻袋和 2 蒲式耳[③]大麦被判处疏浚泰晤士河的三年劳役,同案犯则被要求在入伍或在劳教所服三年劳役两者之间任选其一。请注意,这时的当兵属于"刑罚",意识到这一点对后文中的分析会有帮助。1779 年,还有一个偷盗煤炭的罪犯也被判处捡拾泰晤士河石子的三年劳役。因为当时有一艘废弃船舶停放在泰晤士河上并被当作监狱使用,为此制定了这项

---

① 码(yard),英制长度单位。1 码等于 91.44 厘米。——译者注
② 米德尔塞克斯郡(Middlesex county)。英格兰东南部旧郡,1965 年大部划归大伦敦。——译者注
③ 蒲式耳(BUSHEL,缩写 BU)是一个计量单位。一蒲式耳在英国等于八加仑,相当于 36.268 升(公制)。——译者注

第三章　被强制渡海流放到美洲的英国移民

清理河道的特殊刑罚。

取消流放美洲这一刑罚的原因当然是缘于彼时美国的独立战争，然而，在这份诺丁汉郡的史料中却仍然记载了一例流放案例，即，1784年7月12日判处一名盗窃亚麻的学徒约翰·古勒布流放七年。在独立战争之前，殖民地的民众对英国的"流放"制度已经深恶痛绝，因此，据说是英国将该制度强加给业已独立且获得主权的美利坚合众国的。这也深刻地反映出英国统治阶层的霸道行径，相当令人愤慨。另一种观点认为，事实上是英国当局与美利坚合众国进行了协商，希望美国接受这一做法，然而，现实却是新生的美国断然拒绝继续充当英国的"天然监狱"。大陆会议曾向美国各州发出"适当立法，阻止外国向合众国移送罪犯"的通告，且各州迅速做出了回应。结果，在1785年10月判处一名盗窃亚麻衬衫的学徒M.托马斯被流放美洲三年之后，英国在判处犯人的流放地时就变成了"海外某处"的含糊表述，并且在1788年以后，由同为殖民地的澳大利亚新南威尔士取代美国成了"天然监狱"。

另外，这份史料中所列举的罪犯是以契约雇佣之名被判处"流放"的，下面我们来看一下他们的社会身份。在1775年以前的55例判决案件中，有36例的罪犯是学徒等非熟练的劳动者，另外还有13例的罪犯从事的是技术性低的职业。由此可知，那些所谓"强制的契约劳工"的社会出身几乎90%属于底层平民，并非嘉廉松所说的是英国"全社会的缩影"。其实那些人就是"贫民"，其人员构成更接近"自愿的契约雇佣人员"。另一份数据显示，那些人的年龄多在二十岁出头，因此，从年龄来看可以说他们更接近自愿的契约雇佣人员。

那么，这种"流放"制度的具体情况究竟如何？它是在怎样的历史脉络中形成的？近代英国的犯罪行为及罪犯究竟有怎样的特征？下文将逐一进行考察。

犯罪史是社会史研究的一个重要侧面，因为犯罪行为在许多方面都敏感地反映出该社会的状态。总之，在历史的重大转折点上，一些对于想要维持传统生活习惯的被统治者来说是极为常态的正当的行为，却被引领时代的统治者看作是犯罪行为的现象是很常见的。这种差异不只存在于统治者和被统治者之间，在城市与乡村之间，犯罪情况与当权者的处理方法自然也是不同的。

与法国近代犯罪史研究相比，英国近代的犯罪史研究有着相当困难的一面，究其根由，在于英国的刑法及判决制度复杂且模糊，一切都靠口述而不是落在纸面上。虽然，我们可以通过查看季审法庭和巡回法庭的记录来了解犯罪史的大体情况，但严格来讲，简易法庭的存在以及当时的

第三章　被强制渡海流放到美洲的英国移民

英国社会仍然保留着教会的审判权，所以很难形成完整的大英帝国犯罪史全貌。法院及审判系统的不同，意味着刑法本身就是相当错综复杂的。

不过，根据当时尚处于如此原始状态的英国刑法和基于该法进行的审判可以确认一个（基于不同观点也可以是两个）明显的现象。

首先，在17、18世纪的英国，刑法中"死刑罪"的法条激增，基本上一旦有罪就适用死刑。在1688年光荣革命的时期，该类法条大约有50个。然而，到了1760年代，据威廉·布莱克斯通[①]所著《英法释义》中列举的就有169条左右，再到19世纪初，实际上达到了223条。英国刑法史的特征就是很难推算出确定的法条数量，法条数量约在一个多世纪之内增长到了四倍以上。简单来说，就是其刑法变得极为严苛，可事实究竟如何呢？

---

① 威廉·布莱克斯通爵士（Sir William Blackstone，1723—1780）英国法学家、法官。——译者注

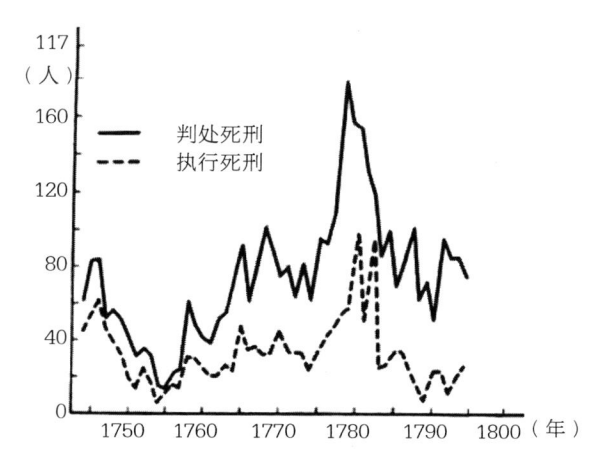

图 3-1 伦敦和米德尔塞克斯郡判处死刑人数和执行死刑人数

图 3-1 是伦敦和邻接的米德尔塞克斯郡判决死刑人数与执行死刑人数的对比图。直到 1780 年代，死刑判决数量都处于渐增状态，但同时该图也显示出，虽然有人被判决了死刑，而实际上却没有被执行，因此得到豁免的人数比例也在上升。换言之，其比率在 1750 年代依然是 26.5%，即每 4 人中就有 1 人被执行死刑。即使在 1760 年代前期，比率为 39.7%，10 人中有 4 人被执行死刑。然而，到了 1770 年代前半期，该比率达到了远超半数的 64.1%，1780 年代前半期为 60.5%，而到了 18 世纪末的 1790 年代后半期竟达到了 79.3%。也就是说，即使被判处死刑，但是实际被执行死刑的人数只有五分之一。

为什么有的人被"判处死刑却没有被处死"？导致

第三章　被强制渡海流放到美洲的英国移民

这一现象的具体原因在于在"死刑罪"法条激增的17、18世纪的英国司法界还建立了一种免除"死刑罪"的机制，这就是众所周知的"神职人员的特权（Benefit of Clergy）"。这些被判刑的神职人员会被交由没有死刑的教会法庭审理，因而他们不会在世俗法庭中被判处死刑。基于此，犯罪者只要能够证明自己是神职人员就可以避免被处死。而且从某种意义上来讲，该特权的适用标准逐渐得以放宽。在17世纪，罪犯不必朗读《旧约圣经诗篇》第51篇的开头，只要能背诵出来神职人员的特权就可以得到承认，死刑也自然会被免除。而在1705年，这些死刑犯甚至无须识字，只要当事人自称是神职人员就可以享受该特权。

然而，正如人们所预料的那样，另一方面，禁止适用这一特权的"可判处死刑的罪行"的数量也在增加。1705年，包括叛国罪、海盗罪、谋杀罪、纵火罪和入室盗窃罪在内的25种罪行以及后来的169种罪行被排除在适用范围之外——由于适用"神职人员特权"的人本来就不会被判处死刑，因此这一特权并不能解释上述统计数据中的差距。能够解释死刑判决数量和处决数量之间差距的关键因素是完全常规化了的赦免制度。例如，常见的做法是，在巡回法庭的最后一天，法官将半数以上于审判期间判处死刑的罪犯名单汇总成册，并向国王申请恩赦。这样看来，《社科年鉴》[①]杂志对于犯罪研究史来说堪称极为重要的史料之一，其编年史专栏中就按照每个城市清楚地记录了"判处死刑若干名、其中若干名减刑为流放"的判决案例。例如，在1770年四旬斋[②]期间的巡回法庭上，梅德斯通[③]有4人被判处死刑，其中2人被改为缓期执行。在艾尔斯伯里[④]也有5人被判处死刑，其中3人被改为缓期执行。在蒙茅斯[⑤]有2名偷羊贼被判处死刑，后减刑为流放14年。

[①] 《社科年鉴》（The Annual Register）是由R.罗德斯利（R.Dodsley）于1758年创办的期刊，爱德蒙·伯克〔Edmund Burke）于1758年至1788年间任编辑，对每年的历史、政治与文学研究予以关注。该刊早期卷本的历史部分主要是议会辩论的摘录，后来内容更广泛。目前该刊仍在出版。——译者注

[②] 四旬斋（Lent），也叫大斋节，封斋期一般是从圣灰星期三（大斋节的第一天）到复活节的四十六天中除去星期日的四十天，以纪念基督徒在荒野禁食、受难。——译者注

[③] 梅德斯通市（Maidstone），是英国肯特郡的自治市镇，郡治所在地。位于伦敦东南方约51千米处。——译者注

[④] 艾尔斯伯里（Aylesbury），是英国中南部白金汉郡的一个郡府。——译者注

[⑤] 蒙茅斯（Monmouth），也译为蒙默思，位于英国威尔士东南部古郡名。——译者注

第三章　被强制渡海流放到美洲的英国移民

《社科年鉴》杂志记载了中央刑事法院（老贝利[①]）在1762年做出的一些判决。1月份的开庭审判，判处2人死刑，16人流放7年，1人流放14年，烙印刑和笞刑共3人，2名死刑犯中有一人在判决数日后被执行，另一人得到减刑，改判为流放14年。4月份的开庭审判判处3名拦路抢劫、偷窃教堂、盗窃私人物品者死刑，其中2人后来改判为流放，另外，有18人被判流放7年，1人被判游街示众，2人被判烙印刑，4人被判公开笞刑。与此同时，金斯顿的沃里克和洛卡斯特等地也判处了约20人死刑，然而，有趣的是"大多数人都实行了缓刑，并以赴美洲充军为条件获得了恩赦"。7月份的开庭审判判决8人死刑，其中包括虐待少女学徒致死的萨拉·梅切德及她的女儿。在寒气袭来的12月，判处3人死刑，26人流放7年，3人烙印刑。最终判处34人无罪，另有12人获得当庭释放，其中包括两个杀害私生子的人，他们得到了酌情量刑。一个被判流放的男子犯下多起有组织闯入民宅的罪行，却因为没有证据而躲过了死刑。

18世纪初，瑞士人索绪尔到访英国并留下了很有趣的社会观察记录。他对英国当时的审判制度也很感兴趣，

[①]　即伦敦的老贝利街（Old Bailey Street），中央刑事法院所在地。——译者注

而且特别就批量赦免写了一份报告。"当巡回审判结束,所有罪犯被判决之后,法庭将被判处死刑的人员名单提交给国王。因为在英国,只要没有得国王的承认或许可,就不能处决犯人,国王也经常会赦免两三个罪行最轻的罪犯,将其减刑为流放到美洲的英国殖民地。被送到美洲的罪犯将为奴 5 至 10 年、15 年、20 年,有的甚至是终生。"

一方面,法律规定日益严苛,死刑判决频繁出现,而另一方面又不断有人受到赦免,这种情况意味着什么?原因之一是刑法的规定过于严厉。罪犯在盗窃、趁夜偷盗、私闯民宅时使用语言而非凶器进行的恐吓确实属于"威胁",但据此也被判处了死刑。此外,偷盗 1 先令以上者最低判处流放 7 年甚至很可能是死刑。如果这些犯罪都适用当时的刑法的话,确实过于苛刻,因此,当时法官们在使用 18 世纪新制定的死刑条例时都格外慎重。原因之二,受害者的控告不积极是因为控告获得的利益不大,反而有可能被要求多支付办案费。再者,如果罪犯是法官故交之人的话,也会避免采用严酷的处罚。然而,对于这样采用转弯抹角的方法进行判案,也有完全不同的解释。例如,有观点认为 18 世纪的所有刑事审判都是"为了使罪犯形成阶级服从意识而进行的威吓"。不过,这种观点受到很强烈的批判,在此不过多探讨。原因之三,说到底还是早

第三章 被强制渡海流放到美洲的英国移民

先根据《罪犯遣送法》的解释最有说服力。具体言之，从1655年正式开始通过赦免的方式将罪犯流放到美洲之后，到1718年通过制定《罪犯遣送法》对罪犯遣送条例做出重大修改的那段时间里，普通法和《人身保护法》的规定都禁止"流放"和"驱逐"。这样一来，只能判处那些没有资格适用神职人员特权却获得国王赦免的死囚流放到美洲，而以往那种既能够将罪犯统统驱赶到殖民地，又能够满足殖民地对劳动力需求的一箭双雕的把戏失灵了。因为《罪犯遣送法》允许将犯有相对轻微罪行且适用神职人员特权的人流放7年，即使之成为契约劳工，所以，从那时起，以这种形式遣送罪犯的做法成了常态，上述诺丁汉郡的例子都属于这一类。此外，在这一时期，除了适用神职人员特权以外的那些被判处流放的重罪犯，即死刑犯，仍会获得赦免，不过，对他们的判罚则是（作为强制契约劳工）流放14年或终身流放。

因此，不管该立法的原因和意图为何，但下面的事实是确凿无疑的。越来越严厉的刑法规定未必得到实际执行，就连已经做出的死刑判决中的大半都改为了减刑，结果不论重罪与否，大多数罪犯都以流放美洲的方式处理掉了。

表3-1是萨里郡的季审法庭（本来盗窃物品的罪犯

只判以轻罪，然而，1748年战后的犯罪率激增使得判罚也发生了改变）和巡回法庭的审判记录。巡回法庭通常对盗窃1先令以上的犯罪（"严重盗窃"）判处死刑或流放7年，低于1先令则判处笞刑。如前所述，大多数被判处死刑的罪犯最后都被减刑改判为流放14年。仅看此表就能明白，那个时期的英国对罪犯的处理是非常依赖殖民地的。奥地利王位继承战争之后犯罪激增，三分之二的罪犯都被流放到了美洲。不过，该表的犯罪者总数表示的只是表面上被逮捕、被起诉、被判有罪的人，实际上有许多犯罪都在其所在区域内部被处理了，并没有成为公共权力处理的对象。从犯罪史研究的观点来看，有必要充分留意这种现象。A.L.库罗斯统计了伦敦中央刑事法院的记录（表3-2），其中也记载了绝大多数被判有罪的人被改判为流放，不同刑罚的分布情况与萨里郡的情形大致相同。这种惩罚形式始于17世纪的阿姆斯特丹，当时对男子的惩罚是"磨染料"，对女好的惩罚是"纺棉线"（即男子被要求研磨染料木材巴西红木、女子被要求作纺线的苦役）。这种制度与以往从荷兰传遍欧洲的"监狱"制度截然不同，事实上，在17世纪末和18世纪初的荷兰，有34%—54%的罪犯被判处监禁，这与上述英国的例子形成了鲜明对比，因为在英国最多只有1%—2%的罪犯被

第三章 被强制渡海流放到美洲的英国移民

判处监禁。

表 3-1 萨里郡的犯罪记录处罚记录（%）[1]

年代	绞刑	流放	笞刑	神职人员特权赦免	入狱
1736—1739	16.9	64.0	11.2	6.7	1.1
1740—1748	9.8	49.3	31.0	8.8	1.0
1749—1753	7.1	66.7	23.7	1.1	2.1

总之，在当时的英国，许多人认为罪犯入狱服刑会给社会带来巨大负担。而且，如果完全按照刑罚规定处罚犯人的话又过于严酷。所以，只要殖民地的开发水平还不够高，生活不令人感到舒适，那么相较于本国来说殖民地就是非常安全且完美的监狱。不过，当时美洲特别是弗吉尼亚、马里兰两个种植烟草的殖民地对劳动力的需求非常强烈，这也被认为是大量移民涌入的原因之一。

---

[1] Beattie, *Crime and the Courts in Surrey*, p.185.

表 3-2　中央刑事法院判决（全年最终结果）

年代	起诉（人）	死刑（人）	流放（人）	烙印（人）	鞭笞（人）	入狱（人）
1729—1730	541	48	219	29	24	4
1730—1731	501	51	271	28	21	5
1731—1732	554	70	209	7	6	6
1732—1733	559	52	248	26	4	9
1748—1749	670	61	255	21	61	—
1749—1750	670	84	258	17	36	2
1760—1761	284	22	155	21	17	3
1769—1770	704	89	266	27	25	1
1778—1779	517	56	—	60	49	12
1802—1703	846	88	203	—	99	10

注：其他判决结果中还有罚款、军舰服役等。①

被处以流放的犯人在当地被当作契约劳工对待，他们与自愿前往的契约劳工有所不同。D.笛福在《摩尔·弗兰德斯》中描述的人物所讲的情况就非常具有象征性，"据她所说，这个殖民地（弗吉尼亚）的大部分居民都是历经

---

① A.L.Cross,Beattie,*The English Criminal Low and BenefitOf Clergy during the Eighteenth and Early Nineteenth Centuries*,A.H.R.XXII,19,p.560

第三章 被强制渡海流放到美洲的英国移民

磨难从英国来到这里的。这些人大概分为两类，一类是跟船长来到此地后被当作佣人的，这类人就'相当于奴隶'。另一类人或者是被判重罪的人或者是被判死刑后改为流放的人。……但是，用她的话来讲，'我们并不会瞧不起那些来到这里的人，自从农场主买来他们直到契约结束我们一起在种植园里干活。所以，新门监狱①里出了许多（治安法官等）了不起的人'"。

实际上，在笛福的记述里也可以发现有自称当地人的证言。例如，"不过，其实到了美洲的契约劳工和重罪犯人没有区别，只是名称不同而已。首先，他们是一些几乎没有生活经验，性格也不古怪的人，却义无反顾地抛弃朋友、亲人和所有对故乡的牵挂到这个相当于英国附属地的边境地区来做仆人实在令人难以置信。因此，较之签了5年契约的契约劳工，那些刑期（至少）为7年的犯人被视为更划算的仆人。我自己几乎没有看到过两者的待遇有什么不同。"1770年代的这些证言现在仍被当作证据证明许多契约劳工是被甜言蜜语哄骗来的"轻率的"贫民。不仅

---

① 新门监狱（Newgate Prison）位于伦敦市新门街(Newgate Street)和老贝利街(Old Bailey)的拐角处。原址坐落于伦敦罗马墙上的一个门——新门，最初是一座门房，1218年改建为监狱，后于1904年拆毁。——译者注

如此，在当地，犯人更受劳工市场欢迎。

在上述的1718年"罪犯遣送法"实施之后，直到1775年美国独立，被以上述方式"处理"到殖民地的罪犯究竟有多少人呢？史密斯认为大概有三万人。不过，根据最新推算，仅来自苏格兰的就有36000人（其中包括伦敦和伦敦周围各郡19000多人），爱尔兰有13000余名非死刑犯的犯人，苏格兰有700余名死刑犯，所以，毫无疑问总数应在五万人以上。虽然苏格兰送来的犯人比较少，但是从1707年以前苏格兰就向英国殖民地输送流放犯了。

有关流放犯的真实的完整的记录只出现在诺丁汉郡的记录和财政部的资金账簿（The Treasury Money Books）中。其内容包括1719年至1744年从伦敦周边各郡输送到美洲去的7283名流放犯的名字、入狱的监狱、承包遣送罪犯的承包人等信息。然而，从财政部的史料中却几乎了解不到流放犯们的其他信息，只有诺丁汉郡的资料中有零散的记载。

那些被遣送的流放犯对自己的遭遇是怎样看的呢？很难想象那些因为赦免而免除死刑的人中的大多数会把这种情况当成好运气。其实有的犯人并不希望被"减刑"。例如，东汉普郡的狩猎场管理员路易斯·加纳就因在酒馆里用手枪违法射击，被根据"沃尔瑟姆黑团法"判处了死刑，后来因为邻里的求情才改判为流放14年。然而，获得保释之后他竟然持枪大闹，以村民相要挟坚持要求无罪释放。

反之，希望被流放的却大有人在。爱丁堡最高法院在1736年至1775年间爱丁堡最高法院审判的案件中就有108名被告主动提出希望被判流放。在理由明确的92人中有23人认为流放比他们预料的判决（大概会死刑）要强，另外有7人因不想等待判决而被长期拘留（担心"斑疹伤寒"传染）。还有49人给出的理由是自己沦为罪犯后，即便回到家乡也无法幸福地生活。这样看来，英格兰的流放犯中究竟有多少在判决前就希望自己被"流放"的人？虽然无法得到准确数据，但是事实上1718年以后的流放犯几乎都不是死刑犯。所以，即便有被判流放的案例，也不会是基于"比死刑要强"的判断。其实，在包括诺福克郡（Norfolk）、萨福克郡（Suffolk）、剑桥郡等地的诺福克巡回法院管辖区的1750年到1772年的记录中，被判处流放的556人中有523人是因偷窃1先令以上被判"重盗窃罪"的罪犯。即使他们这些人中的大多数没有被判处流放也很难回归家乡生活了。

18世纪的流放犯几乎都是"重盗窃罪"罪犯，这种判罚令人感到极端苛刻。A.R.伊卡齐举了一个14岁少年的例子，那个少年自吹能节省赴美洲的船费。原本这种事在有鉴别能力的成人身上是不会发生的，不过流放犯主要是年轻男子，他们并不成熟。如前文所述，这些人不是做仆人就是做劳工，换言之，他们与自愿前往美洲的契约劳工有着基本相同的经历。毫无疑问，他们中的大多数人是因为贫穷才犯罪的。有的人被亲人疏远，被当成了拖累，相反，如果这个人是家庭生活的依靠，那么他一旦被流放就意味着这个家庭的崩溃，意味着教区救济支出的增加。如果被流放者为哺乳期的母亲，那么孩子的养育便成了大问题。如果说贫民的生活是以家庭为主才得以维持的话，那么，流放就不仅仅是其个人的问题。所以，被遣送的犯人中也有个别人的家属也跟着一同到了美洲，那就是出于维持家庭的考虑。此外，还有女友同行、拖家带口的苏格兰偷羊贼等案例。A.R.伊卡齐列举了若干个这样的案例。第一章里提到的"出国者调查"记录中的29岁的梅里亚·李奇微就是在1775年5月的第一周跟着被流放的丈夫从爱克赛塔启程的。后文中将会探讨士兵应征之后其家人的生活问题，因为救济基本上是以教区为单位进行的，所以对教区来讲是个很严重的问题。此外，还有关于来自约克郡和苏格兰那些拖家带口而非单身的移民，这样说来，他们就不单单是被圈地运动和"清洗人民"行动而

第三章　被强制渡海流放到美洲的英国移民

驱逐的人了。

顺便提一下,《出境者调查》显示,有一百八十多名犯人被运往美洲,他们主要来自布里斯托尔,这标志着犯人流放(即强制契约劳工移民)到美洲的最后阶段。在该制度实行的最初几年,犯人可以自行与代理人签订前往美洲的合同,但在1718年之后,除了那些作为赦免的一部分而特别批准的犯人外,行政当局都与承包商签订了合同。作为行政当局对伦敦附近每名犯人提供3英镑补贴的条件,承包商必须接收所有犯人,不论年龄、性别(对女犯人的需求较少)或健康状况如何。1721年,补贴提高到了4英镑,次年又提高到了5英镑。虽然同样是相当于贩卖人口,但这一行业的成本和风险远低于奴隶贸易,利润率超过20%,而前者的利润率据说一般不到10%。因此,寡头垄断进展迅速,大部分转让由伦敦和布里斯托尔的少数贸易公司完成。与奴隶贸易不同的是,利物浦的犯人流放活动几乎不为人知,这大概是由于国内运输成本所致。

另外,17世纪对政治犯的流放是要避人耳目的,众所周知的有奥利佛·克伦威尔[①]将政敌"流放到巴巴多斯"

[①] 奥利弗·克伦威尔(Oliver Cromwell,1599—1658)是英国革命家、政治家、军事家、宗教领袖,同时也是17世纪英国资产阶级革命中独立派的首领。——译者注

的事件。众所周知,政治犯的受教育水平和社会地位都很高,因此他们会通过书信将当地的惨状传递回来,这就大大地丑化了"契约劳工"的形象。但是,这类政治犯的总数并不多,在此不予赘述。

二、战争、和平与犯罪

在近代的英国社会究竟发生了多少犯罪呢?犯罪通常分为对人犯罪和对物犯罪两种,包括单纯的打架或杀人、性犯罪、三人以上团伙滋事、劳动纠纷等在内的对人犯罪的案件,其整体的社会意义非常难把握。因此,以下的内容就限定在对物犯罪,即对他人财产的侵害方面。不过,由于近年来英国近代犯罪史研究取得了飞速发展,因此,本节不做原始史料分析,而是根据需要利用最近的研究成果进行阐述。

即便限定了犯罪类别,但是罗列犯罪案件数量的这种行为仍然会被批评其中存在许多问题点。严密地讲,统计犯罪案件数量究竟统计的是什么?目前的研究阶段可以认可的是,(1)向当局举报揭发的数量,(2)起诉的案件数,(3)有罪判决的案件数等。如果从史料的实际记录来看,

第三章　被强制渡海流放到美洲的英国移民

（1）是无法确认的，所以我决定使用（2）的数据。在当时的英国，检察机关与审判机关并没有明确的区分，所以严格来讲，在这方面仍然存在许多问题，在此不赘述。不过，还有许多犯罪事实清楚却没有被检举的案例，估计即便被检举也没有起诉的案例也不会是少数。正如民众运动史中社会史学研究常指出的那样，有关"犯罪"的定义，一方面，当权者与民众之间存在着很大的差异，另一方面，地方上还有即便被认定为"犯罪"也会在内部处理的传统，于是，多数"犯罪"行为都躲开了当局的目光。

暂且不管那些隐而不报的案例，我们来看几个犯罪统计情况，特别是研究一下对物犯罪的统计情况。主要的数据是 J. M. 贝蒂（Beattie）整理的萨里郡的数据和 D. 海伊（Hay）整理的斯坦福德郡（Staffordshire）的数据。萨里郡与伦敦接壤，东北部一带事实上是被伦敦包围着。因此，我将该郡分为受伦敦影响的"城市型"教区和其余的"农村型"教区两部分并且分别进行说明。另一方面，虽然斯坦福德郡没有大城市，但是，从工业革命初期开始其制陶业和制铁业就很发达，是一个走向工业化的郡，通过各郡数据的对比，出人意料的是该郡的情况至少在犯罪数据上却与大城市相同。例如，从图 3-2 就能看出该郡的犯罪案件数字的变动曲线与首都圈具有一定的对应性。

（件）
1000
500

100
50

10
1755　1765　1775　1785　1795　1805（年）

根据 D. 海伊的统计。请参照正文。

图 3-2　首都圈（a）和斯坦福德郡（b）的财物犯罪案件数对比曲线图

萨里郡的城市地区和农村地区的财物犯罪案件数的依据是什么呢？对物犯罪基本上是抢劫或盗窃之类的行为，这种犯罪令我们首先联想到的应该是粮食价格和一般物价指数。职业的犯罪团伙暂且不提，如果市井百姓出手"偷盗"，那么最容易想到的原因就是他们生活困苦。百姓这种"外行"犯罪和职业犯罪的不同可以通过是初犯还是惯犯、是单独作案还是团伙作案、凶狠程度等情况做出判断，当时的法官也是按照这样的判断区分罪犯，而且判罚的结果也大不一样。我们来看一下图 3-3 和图 3-4，从中可以看出，不论城市地区还是农村地区，物价变动与财物犯罪案件数的关联是相当密切的。

——物价指数　　　-------- 萨里郡农村地区
——萨里郡城市地区　×---× 萨塞克斯（农村）

根据 Beattie 的统计。请参照正文。

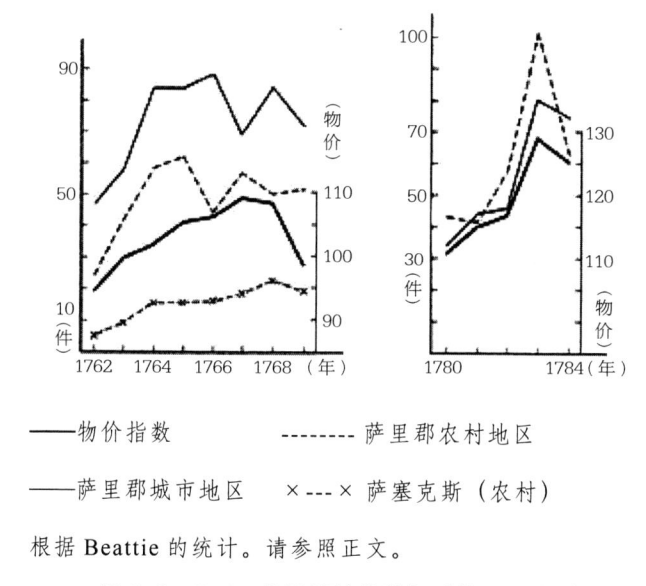

图 3-3、3-4　萨里郡的物价与对物犯罪（1）

物价变动指数的是根据布迪·尚贝塔和沃克曼·吉尔伯伊编写的数据记录，构成该指数基础的主要是以伦敦为中心的英格兰南部的数据，所以，这也很好地反映了萨里郡的情况，即便将该指数换成谷物价格其实质也没有什么不同。总之，这两个图说明了对物犯罪的一般性原因毫无疑问是在于物价与生活成本。同样，根据后文将要提及的斯坦福德郡历时更长的数据也可以确认这一点。

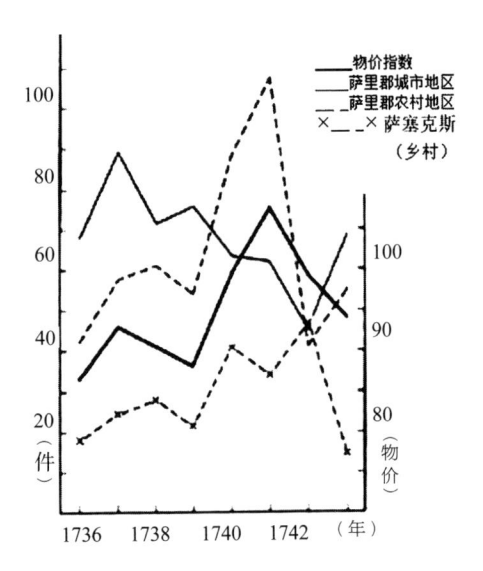

根据 Beattie 的统计。请参照正文。

图 3-5 萨里郡的物价与财物犯罪（2）

可是，数据变动的主要原因不仅如此，图3-5显示农村的犯罪件数与物价变动关系甚密。仅1743年有一些异常波动，但是整体上没有影响各指数之间关系的情况。为慎重起见，我们来看一下位于萨里郡更南部的萨塞克斯郡（全境几乎都是农村）的数据，结果其也充分显示出犯罪件数与物价变动是完全相关的。

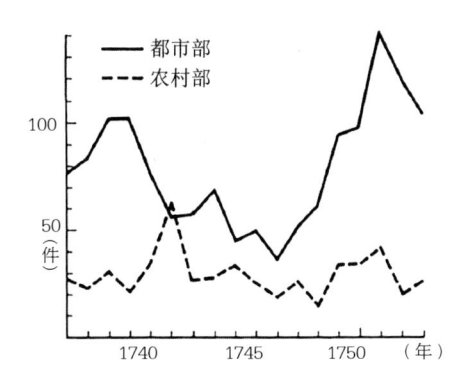

根据 Beattie 的统计。请参照正文。

图 3-6　萨里郡的财物犯罪（巡回法庭、季审法院）

然而，物价变动引发的情况在城市地区与农村地区完全不同。不仅城市地区在这一时期的犯罪案件数与物价变动完全无关，反而其关系是相反的。为了弄清详情，让我们来看一下图 3-6 所示的以 1740 年代为中心的数据。从图中可以看出，农村地区的犯罪件数整体上没有大的波动，呈现稳定状态，而城市地区的波动则相当剧烈。1739 年开始出现了明显的下降，在持续了 9 年的低谷之后，从 1748 年开始又出现了激增的情况。1739 年到 1748 年这段时间正好与众所周知的奥地利王位继承战争（詹金斯耳朵战争[1]）完全吻合，因此不难推测城市地区的财物犯罪案件数是随着战争与和平的循环而波动的。

英国从1652年以后经历过与荷兰的三次战争，1689年以后与法国发生战争，直到18世纪的拿破仑战争，具体来说就是奥格斯堡同盟战争、西班牙王位继承战争、奥地利王位继承战争、七年战争、美国独立战争、法国大革命以及后来的拿破仑战争。这些战争都是直接或间接地以法国为交战方的，不仅如此，战场都在英国本土以外，这一点对于英国社会史具有特殊的意义。也就是说，对于成为这些战争战场的美洲和亚洲人民来说，受到的破坏何其巨大，而英国人却隔岸观火，说得难听一些，英国人就像看游戏比赛一样。例如，虽然像贝德福德郡与诺丁汉郡那样的内陆地区一旦听到战争的消息物价就会上涨，可是人们很难切身感受战争就在身边。英国对战争感到"痛苦"

---

[1] 詹金斯耳朵战争（War of Jenkins'Ear）发生于1739年至1748年，是大不列颠与西班牙之间的军事冲突，西班牙又称其为"阿西恩托战争"。起因为1731年英国船长罗伯特·詹金斯（Robert Jenkins）报称在加勒比海的西班牙海域遭到西班牙人登船搜掠，冲突中将他的一只耳朵割下，以此为借口，英国首相罗伯特·沃波尔爵士最终在1739年10月23日对西班牙宣战。1742年之后，这场战争被奥地利王位继承战取代，基本上整个欧洲都参战了，到1784年为止，战争的死亡人数超过了五十万。——译者注

第三章 被强制渡海流放到美洲的英国移民

的人是中小地主、贸易商人和聚集在港口城市的海军士兵。中小地主因为军费负担导致地租大幅上涨而受到间接影响，贸易商人因为出海禁令和船舶租费大幅上涨而苦恼，而海军士兵则沦为被强征的牺牲品。

总之，18世纪英国的战争因为战场不在本土，所以犯罪率较低，然而，当战争结束的时候，在城市地区的犯罪却以井喷的方式增加。图3-7表示的是斯坦福德郡的对物犯罪件数，很明显其在很长的时期里与物价指数的波动有关。考虑到尚贝塔—吉尔伯伊指数是以英格兰南部的数据为主的，所以，即使换算成斯坦福德郡的谷物价格指标，结果也大致相同。不过，同时也存在着这样一种情形，从该曲线图下方表示"战争持续时间"的横线末端开始，犯罪件数的曲线与物价的高峰出现明显的乖离，形成一个很高的数值。

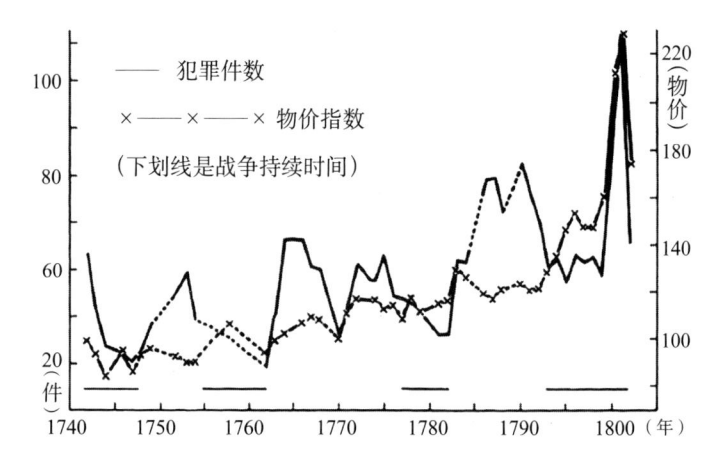

根据 D. 海伊的统计。请参照正文。

图 3-7　斯坦福德郡的财物犯罪

战争减少了国内犯罪，而和平的到来却使盗窃和抢劫陡然激增。笛福等人早已指出了这种现象，可是 A. 杨格却在 19 世纪才迟迟将其作为问题提出来。在 17 世纪末到 19 世纪前半叶这段时期，战后以退伍兵为主要对象的雇佣和治安问题堪称是当时英国新闻界和政界的主要话题之一，从征兵的角度来看，经济的波动即雇佣情况的好坏才是征兵难易度的决定性因素，这个话题将在下一节里讨论。

来看一个例子，正值美国独立战争的时候，1776 年出版的《社科年鉴》就曾发文抱怨征兵极为困难，文中写

第三章　被强制渡海流放到美洲的英国移民

到,"眼下的战争需要动用所有的食物和必需品用来补给远隔千里的陆军和海军,为此要动员的人数相当庞大。海运船只的雇佣数量是平时无法想象的,所以他们(船长、船夫)都被纳入了雇佣之列。"

战争一时间造成了人员雇佣的增加,其结果是犯罪案件数量减少。《社科年鉴》曾报道过一件 1757 年 1 月 17 日(星期一)的事情,"今日,老贝利(中央刑事法院)本季之法庭因无审判对象之故而闭庭,实乃此季节罕见之现象"。此时正是七年战争激战正酣的时候,因此,该报道背景是"昨日刚刚开庭之老贝利,今日又因无案可审而闭庭。足见今次之战争征召之不逞之徒、宵小之辈何其多也(1758 年 5 月 11 日)"。

从人类史的角度看,战争只会带来人员的伤亡和财产的损失。正如前文所说的那样,18 世纪的殖民地战争之于英国人却只是"隔岸观火",而且给英国本土带来了非常多的临时雇佣的机会。战争带来人员雇佣增加的渠道有两个,一个是陆海军的直接征兵,虽然当兵是"令人讨厌"的工作。另一个渠道就是《社科年鉴》中提到的军需的增加。该年鉴专门强调了为军队提供经费及服务补给带来的雇佣。号称雇佣人数最多的朴茨茅斯和"海军兵工厂"查塔姆(Chatham),还有德普福德(Deptford)、

107

伍尔维奇（Woolwich）、夏奈斯（Shines）、普利茅斯（Plymouth）、哈立奇（Harridge）等海军造船厂相关的人员雇佣量也是很大的。H.达姆克研究了七年战争期间海军的征兵以及对船舶、造船经费和资金的征收对民间经济的影响，他指出海军在战争之初总是征用民间商船，到1757年以后这种情况才有所改变。究其原因是开发了劳动力和经费的新来源，从而使军需得到了满足。这样一来，各个海军造船厂所在地就成长为仅有单一企业的城市。例如，在1711年，德普福德郡的人就被称为"几乎都是女王陛下造船厂、缆绳制造厂和兵工厂的劳工"，笛福在1720年也说过"朴茨茅斯的百姓与光荣革命之前几年已经完全不同了"，这个城市以海军造船厂为核心取得了飞速的发展。即使是西南部的重要军港普利茅斯，按照1801年人口调查的结果，与旧城区的16040人相比，有海军船坞的达文波特（Davenport）地区已经达到23747人，表明该地成了"基地之城"。在这些城市，以战争与和平的交替为基础的雇佣波动非常大，并成为其一个特点。从图3-8中可以看出战争和船坞劳工的雇佣之间的关系。

图 3-8 海军造船所的雇佣人数①

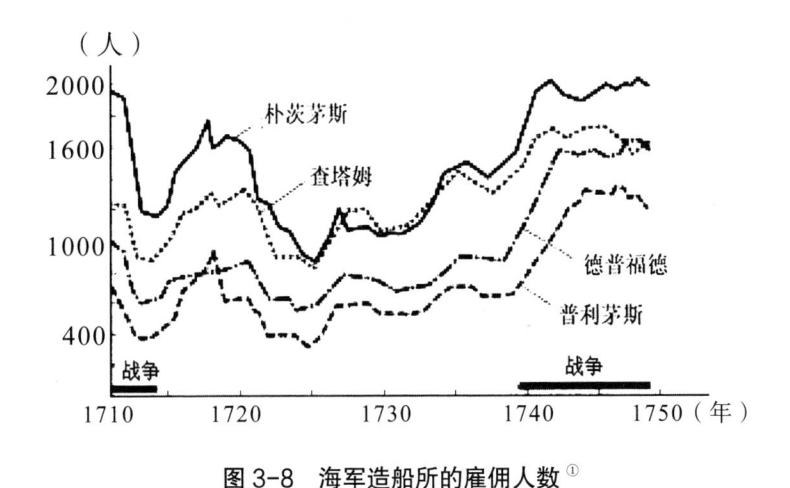

征兵在当时是常见的现象。据海军部的官方统计，1688年的海军士兵不过12714人，到了1692年奥格斯堡同盟战争期间猛增到44743人，虽然1775年美国独立战争期间又降到了15230人，可是到了1783年竟然超过了10万人。正如后文所述的乔纳斯·汉威，他在兰贝斯（Lambeth）创建的"海洋协会"，为伦敦下层贫民的孩子提供衣物并将他们送进海军。到了1759年七年战争期间，有人夸口"在伦敦已经见不到应该被送去当兵的成群的流浪者"，这样的说法不是没有缘由的。在一份1762年2月的史料中记载到，"海洋协会给5452名成人、4511名少

---

① D.A.Baugh, *British Naval Administration in the Age of Walpole*, 1965, p.264.

年提供了衣物,并送进海军,这就是这个高贵组织的有作为之处"。

如果情况果然如此的话,那么就不难想象英国社会反而在和平到来的时候会陷入严重的瘫痪状态。据估计,在奥地利王位继承战争结束的1748年、美国独立战争结束的1783年,退伍的士兵总数分别是5万人、20万人和13万人,当然,这些士兵几乎都是海军的水兵。七年战争后的数值显示,成为兵源的下层人口的家庭占总人口的3%,相比可知,兵源范围涉及大概全国30%的家庭。即便大多数都是出身苏格兰和爱尔兰的人,一次就征兵数万、数十万健壮的年轻失业者,这样的吸纳能力未必是工业化之前的英国经济所能期待的。另外,绝大多数海军士兵都是从失业者和"必须经历仆人生活"的"仆人"中征召来的,所以,他们没有职业可寻。即使在工业化进程取得长足发展的拿破仑战争之后,这种情况也没有改变,从1814年至1816年退伍的40万士兵给英国社会带来了巨大的不稳定的影响。

实际上,退伍士兵的问题早在十字军时期就存在,在伊丽莎白时代的国事文件中已经表明过对该问题的恐惧。

在朴茨茅斯军港连军饷都没给发足就被解散的大量退伍兵直接沦为了流浪汉,这些人充斥在通往伦敦的道路之

第三章 被强制渡海流放到美洲的英国移民

上,成了犯罪后备军。当然,当初那些受雇从事运送和在造船厂工作的人们眼睛里也同样充满了忧愁。七年战争末期的1763年1月号的《绅士杂志》上刊载了题目为"大量陆海军士兵及各皇家船坞雇佣之木匠等即将被解雇,彼等均无可回归之职业"的一篇文章,提议将这些人迁移到汉普郡的新森林(New Forest)及全国各地的荒地去。在该杂志的3月号上又称"他们已经忘记了原来的职业'技术',在其离开期间他们的职位已经被他人占据",因此,"为了无法回归原职业的退伍兵着想",于是又提出了将他们送到加拿大新斯科舍(Nova Scotia)的计划。

1748年在已经看得出奥地利王位继承战争即将结束的节点上,《绅士杂志》之所以以"为因即将到来之和平而退伍之陆海军士兵之雇佣事宜建议开展若干事业"为题刊载了长篇匿名社论,就是因为该作者凭经验已经充分预料到了事情的发展方向。"陆海军退伍者及海军造船厂解雇之船舶建造、修理之工匠想必数量巨大,且彼等贫困之人多无再受雇之可能,无正当之事可做,深恐其因走投无路而诉诸暴力"。因此,为了解决退伍士兵受雇的问题,该社论作者强烈主张最好的办法就是移民(最近放弃开普·普莱森[Cape plethon]之后就曾引起担心,故为防卫之考虑,应将其移民到法属殖民地边界处的新斯科舍)

111

将流浪者和罪犯吸纳到部队当兵，让他们为建立殖民帝国而战斗。同时，也让他们为处理国内社会问题做出牺牲。这就是说，即使和平来临了，殖民地也应该是处理本国社会问题的地方。即使没有这种提议，退伍兵们迟早也会走向犯罪，他们中有七成的人是以"强制的契约劳工"之名被判处流放到美洲。来美洲之前，他们因穷困潦倒而主动签了契约，成为"自愿的契约劳工"，这样被送往美洲大陆的不知有多少人。其实，早在1680年的《伦敦市长日志》中就曾记载有两个成为自愿的契约劳工的人。一个是曾经做过劳工的苏格兰21岁的退伍兵安德逊，另一个是出生于约克郡，当时刚刚退役的约翰·布莱利。

为了推进将退伍兵移民到新斯科舍的计划，《绅士杂志》开始大肆宣传造势。1770年代的"出国者调查"虽然与这种宣传未必有联系，但是其中却记载了许多约克郡和苏格兰的农民在同一时期移民的情况（参见第五章）。此外，上述的社论还提议疏浚南部的萨尼奇港和克赖斯特彻奇港（又名基督城，Christchurch），振兴苏格兰的渔业，而且，其改良港湾和培养船员的提案都是为军事服务的。1751年该杂志社论又提议，应对犯罪激增问题的对策委员会所在的平民院，对罪犯不判处死刑而应该强制其到皇家海军造船厂服劳役。然而，造船厂本身还在裁减工

第三章　被强制渡海流放到美洲的英国移民

匠。因此，这一提议对缓解犯罪案件数量的增加似乎有帮助，但其实只是一纸空案。

在七年战争末期，防止退伍兵犯罪的对策问题也是非常受关注的焦点。例如，1762年，为汉威的"海洋协会"捐助2万英镑巨额遗产的乡村贸易商人对他捐款的用途进行了说明，"接下来的媾和将导致'海洋协会'送进海军的少年们被解雇，他们的津贴很低没有多余的钱可以攒下来，我的捐款将用作他们寻找新职业的费用"。第二年，海军军官团提议将包括护卫舰在内的军舰都送给"现在解除兵役的2万名水兵"，并按照迄今为止的津贴标准让他们在格陵兰和戴维斯海峡（Davis Strait）从事捕鲸工作。然而，这一个个对策都没有发挥防止罪犯犯罪的功效。事实上，统计数据强有力地证明了那样做的结果反而导致了城市里的犯罪激增。

城市与农村一样，长期的和一般性的财物犯罪案件数量的波动就是与物价变动相关的。可是，在城市特别是伦敦正是这种情况构成了犯罪率的基调，而且这一趋势几乎被忽视掉了，究其原因正是战争与和平的交替带来的影响导致的。

对17和18世纪英国的犯罪和处理犯罪的方式进行任何研究，都不可避免地要关注英国基于重商主义战争建立的帝国体系，即殖民体系的过程。很明显，当时的英国人在很大程度上将解决失业和贫困等社会问题的办法强加于帝国建设过程本身，而这些问题正是犯罪现象的先决条件。

参加（下一章中称为"被迫参加"）建立帝国的战争的士兵们在和平到来的时候一贫如洗。结果，不论是出于自愿，还是因为犯罪而"被强制"流放，最终大多数人都沦为美洲的"白人强制劳动力"。英国开发并获得殖民地的过程带有浓重的"输出本国社会问题"的政策色彩。

这种情况在19世纪非但没有改变，反而更加严重了。最新的研究结论是"澳大利亚就是英国的监狱，而且是成本很低的新监狱"。这个结论或许有些陈旧，不过也堪称一语中的。

第四章

征召海军士兵的问题——"一片木板的世界"

一、建立帝国的士兵

> 医生：军费从哪里出？由谁调配？
> 市民 A：当然是伦敦。
> 医生：战士从哪儿来？
> 波斯威尔：我也觉得那是个难事。
> 医生：你没办法为下次战斗征到士兵。你想想吧，英国已经干枯了。伦敦的商人在暖炉边上聊着海外军队的事儿，……其实，我们国家的兵员已经不足了。
>
> （J.波斯威尔《伦敦日记》）

J.波斯威尔是约翰逊博士的传记作者，上文是他在1762年12月11日的日记里记录的内容，是在咖啡店"柴德尔"里的一段对话。那些在咖啡店里谈论国事的人们认为英国把七年战争继续打下去是不合适的，他们如此判断的理由是英国已经出现征兵困难。即使咖啡店里的国事爱好者们不谈论这个话题，这也是18世纪初到19世纪初英国政界最大的话题之一。在日本，这个问题不但在资本主义发展史的研究中被遗忘，而且在近年来社会史的研究中

第四章 征召海军士兵的问题——"一片木板的世界"

也时常被忽略。对英国政府来讲,为了将对法战争进行到底,不单是战争费用的供给,各种资金、物资特别是人力资源的保障更是迫在眉睫。在18世纪末,这个问题最终促使对各郡摊派征兵的"配额法案"(即后文提及的"摊派法")的确立并导致海军大暴动的发生。

正因为这个问题如此重要,所以,在国会上才经常成为热点话题,议员们也为此争论不休,同时也会出现议员争相分发手册的喧闹场面。前者体现在奥地利王位继承战争期间围绕征兵提议的大辩论中,即为了便于征兵,所有英国水兵都应登记在案,后者的事例最明显地体现在布罗姆利(Bromley)编辑的史料集《确保海军兵员手册合集》中。

从政府的角度来说,如何能够在战时多快好省地大量征兵(和船舶)是个问题,而对于民间商人来说,问题则在于如何防止在战时运输成本的提高。与之相反,民众方面最关心的问题是如何能够躲开那些可怕的暴力的强制征兵队,使自己如何不成为强制征兵队的猎物,以及万一被绑架并送给海军的话,应该如何逃走。如果他们认命不逃走的话,便要考虑如何能够不被克扣军饷。在派遣士兵的教区,士兵最大的担心是家属能否成为救济对象。发放招募海军士兵小册子的做法是在1693年正式建立海军之后突然出现的,而且在整个18世纪也没有绝迹。

在1739年的议会上,议员瓦格纳就征召士兵事宜提出议案,"全国的船员、船长、渔民、舢板的船夫及其他可能服海军兵役者全部重新登记",可是这个议案却遭到商业人士的猛烈批评。"虽然船员(不参加海军是英吉利人天生的权利)主张其与生俱来的权利,却没有理由对其处罚……。这种登记制度就是把船员当成了奴隶"。因为不知何时征兵,结果船员也消失了,贸易也停止了。尤其是在后来,竟然没有人想当海员。于是,约翰·巴纳德爵士指出:"因此,如果海军采用这种方法征兵,那么,我国的国力、商业将悉数遭到毁灭。"他的观点成为当时标志性的针对政府征兵的反对意见。

沃波尔①做了一个长篇演讲意图结束争论。他强调虽然为战舰提供工作人员是件难事,但是政府也必须承认强制征兵的方法并非灰色地带,而是极为不可取的。在海港城市,共同抵制强制征兵的意识已经在民众心中萌芽:"就在两三个月前,用老办法多方尝试却没有发现一名船工,搜遍了所有我们能知道的船家的藏身之所,也搜遍了河流的角角落落,用尽了所有手段却没有招到一名水手。"

---

① 罗伯特·沃波尔(Robert Walpole,1676—1745)。英国第一位首相,任期为1721年至1742年。——译者注

第四章　征召海军士兵的问题——"一片木板的世界"

事实上，史料中也记载了很多民众使用一切手段抵抗强制征兵的情形。即使在 1646 年，也有记载："事发突然，使人感到心惊肉跳，被迫辞去工作、离开父母妻子。就这样，被迫为自己根本不知道的'大义'去打仗，即使劫后余生苟活下来，也会因此失业，最终只能沦为乞丐。"从 17 世纪末开始，征兵突然变得紧迫起来，由此反映出民众对征兵的反抗是何等强烈。

据沃波尔讲，英国因此停止了以往的强制征兵，并为民众提供保护。于是，在英国各地，"船夫一下子都冒了出来，在商船上的工作热情比往日还高，在沿岸航行和运送煤炭的船员就有至少 16000 人，他们是去海军部寻求（摆脱强制征兵）保护的"。他还极力辩驳："这样一说，法国为什么会形成那么可怕的海上防务力量呢？因为他们很容易就能征召到船员，除此以外别无理由。……没有船员的军舰是最无价值的。如果想说海洋帝国就是英国领土上最有价值的一部分，那么只有舰船是不行的。我们需要的是当号召发出便马上就能回应，突然出发远征也能够随队出征的船员。"可是，一番论战下来却以他的失败而告终。

围绕着战争的利与害的问题并不能简单地分为农业界的反战论与商界、金融界的战争推进论两派，只要事关征召船员，港口城市的市民就会一致反对，因为这种船员登记制度本来就不是这个时期才有的做法。1696 年曾尝试推出以自愿登记为目的的"船员奖励法"，然而，其随意性成为致命的缺陷，结果在 1710 年被废除了。1720 年有人提议实行与 1740 年相同的这个强制登记制度，但是未得到结果。另外，1744 年，"为利用海军军舰迅速且有效提供船员之法案"已经到了三读①阶段，可是结果还是没能通过，最终该制度在 1835 年才问世。

在布罗姆利编辑的史料集里收集了各时期有代表性的提案，但通常认为除了奖励金的支付和登记制度以外没有什么好主意。例如，1756 年的 B.克利布等人是支持奖励金的一派，1694 年的约翰·赛因·罗船长等人则是支持登记制度的一派。C.诺尔斯提出，在查塔姆、朴茨茅斯、普利茅斯等军港建造房租非常便宜的住宅，让稳定性较高的已婚船员入住其中，可以说该提案也是一种船员登记制度。

不论是陆军还是海军，英国 18 世纪的士兵供给基本上是依靠志愿兵制度和强制征兵制度维系的。因为士兵在

---

① 英国的法律议案审议制度——读会制的阶段，分为一读（公布提案题目，确定二读）、二读（逐条讨论表决）和三读（最终审议）。——译者注

第四章 征召海军士兵的问题——"一片木板的世界"

部队的生活条件实在很差,加之志愿兵的数量有限。因此,大多数士兵是通过强征手段征召来的。总之,提高奖励金的额度、扩大其适用范围成为18世纪征兵的另一种支撑手段。例如,在七年战争中的1757年年初,《绅士杂志》就报道了这样一件事,"今日所发布之布告称,为鼓励水手乃至见习水手参加海军,自二月十日起为志愿入伍者发放奖励金。五十岁至二十岁之二等水手三英镑,三等水手30先令。三十五岁至二十岁之健康见习水兵亦发放30先令。另外,带领二等水手入海军者发放两英镑、三等水手发放20先令。再有……所有逃兵只要归队则既往不咎并发放逃跑之前之军饷……"

1755年的1月到11月这段时间,政府手中就有95艘船只和29278名船员,但是,仅病死者和因病辞退的就有3300人,再加上还存在大量的逃兵。所以,奖励金制度并未使征兵人数增加,在7月后的征兵人数反而出现了骤减。在第二年即1756年征兵期的第一和第四个半期,尽管英国政府使出了浑身解数,仅征募到4825人,如果所有船只载满士兵需要再增加一万人以上,所以,水兵缺员的问题仍然十分严重。1757年年初发布了上述布告,尽管付出了百倍的努力搞征兵,可是1757年全年还是有4700人当了逃兵,13000人因健康问题不适合服兵役而被辞退，可见情况根本没有得到改善。在整个七年战争期间，有133708名船员逃跑或者死亡，其中逃兵占4万人。从1739年7月奥地利王位继承战争（詹金斯耳朵战争）开始到1741年11月，也有19534人因病解除了兵役，2630人死亡，2143人逃跑。逃跑的士兵大多数都是入伍不到一年的新兵，他们的目的是商船。最终，在战争的初期，因强制征兵的影响，商船的船员从1755年的46000人中减少了8000人（而这期间海军增加了19000人），到了后期，新兵大多数都是"罪犯或外国人"。

表4-1 七年战争时期（1756—1763年）海军士兵逃亡率（年）

死亡率（%）	船舶数（艘）
0—2.9	6
3.0—9.9	13
10.0—19.9	5
20.0—29.9	4
30.0以上	2

N.A.M.Rodger, Stragglers and Deserters from the Royal Navy During the Seven Years War, *B.I.H.R.*, LVII, no. 135,1984, p.75.

第四章　征召海军士兵的问题——"一片木板的世界"

即使在美国独立战争的时候，上述情况也完全没有改变，"（国会）采取了所有的奖励政策，尝试了所有办法，可是……正所谓征兵是展示底层民众情感的政治晴雨表，不论是在英吉利还是爱尔兰，也不管是陆军还是海军，征兵工作都举步维艰"。实际上，就算提高奖励金，征兵工作也毫无起色，志愿兵数量并没有得到增加，其原因之一就是1653年以来在军饷方面完全没有得到改善。虽然从17世纪后半叶到18世纪前半叶物价还算稳定，可是，当进入18世纪后半叶，英国的物价开始飞涨，商船船员的工资也随之提高了，而海军士兵的军饷到了1797年大暴动之后才得以改善。在七年战争期间，公开的军饷是二等水手每月24先令、三等水手19先令、见习水手18先令，到了1797年才分别提高到了29先令6便士、23先令6便士和21先令6便士。与之形成对照的是商船船员的工资收入，船员在平时就可以领到25先令，而七年战争期间则每月可领取70先令。

尽管招兵难，但是布里斯以及其他所有港口城市还是避免采取强征手段，有的城市还依然给志愿兵发放了奖励金。1755年金斯林（King's Lynn）市的奖励金增加了3英镑，此后，一些地方还在政府军饷之上发放了奖励金。1770年布里斯托尔发放20先令，爱丁堡给二等水手发放 2 几尼[①]、三等水手 1 几尼，阿伯丁也给二等水手发放 1 几尼、见习水手 15 先令，尽管如此，征兵仍然毫无起色。

就这样，海军想要征召到足够数量的士兵是极其困难的。笛福就曾明确地说过，"总之，给军队输送士兵的动力是贫困与饥饿，不是商业与制造业"。笛福还说道，"即使在最近对法战争也是一样，那些吊儿郎当的家伙们当初参加过两三场战斗却因为长期的和平而留在我们这里，当他们被带走之后，我们也就征不到兵了"。另外，他又说，"（因经济的发展）织布工和纺纱工得到的工钱比以前多，因此，即使敲锣打鼓地征兵……也没人去参军"。换言之，只要不是因为经济萧条而失业，人们是不会考虑当海军士兵的。因此，在七年战争末期的 1762 年，《绅士杂志》上登载了这样一篇文章也就不奇怪了。文章中称"在征召陆海军士兵的时候，人们认为把那些在国内最没有用的人送到国外去为国而战是理所当然的。基尔特（帮会）[②]的学徒……眼下逃跑的就有若干……这些人的另一种营生就

---

① guinea，旧时英国金币，1717 年以后 1 几尼固定等于 21 先令，1813 年停止流通。——译者注

② guild，中世纪欧洲的行会、帮会、同业公会等团体。——译者注

第四章 征召海军士兵的问题——"一片木板的世界"

是拉帮结伙去偷窃。要是把这些家伙都送到国外的话,那么,中央刑事法院的审判工作也将大幅减少吧。"他们觉得"那些聚在流动小吃摊的懒汉们也许能有一点点作用",于是就把"整晚在各个集市游来荡去恐吓他人的杀人犯"和"因交不起罚款而坐牢的穷人"统统塞进了军队送到了殖民地。要是再把那些成为社会负担的16岁至60岁的吉卜赛人全部征兵的话,"就能把这个人种灭绝掉",这种话听起来让人感到脊背发凉,但是这篇来稿却说明了参军就等于受到"刑事处罚"。

与绅士阶层家庭的次子和三子进入军官团这种风光的"绅士职业"正相反,到海军里当兵是名声很差的职业,所以,当局也无法指望通过提高奖励金额度来改变局面。志愿兵不仅是人数不达标,而且人员素质也存在很大问题。1739年卡文迪什(Cavendish)总督致信海军部,信中讲到:"从诺亚送来了524人(已分配完毕的志愿兵),我从未见过如此糟糕的士兵。其中约有100人……仿佛全是从伦敦的医院里逃出来的天花、淋巴结核以及其他各种疾病的患者。……这些人里的大多数就是盗窃犯、入室抢劫犯、新门监狱里的常客,简直就是一堆伦敦的垃圾。然而,这帮家伙除了保证领取六个月的军饷之外什么事情也做不来。……总之,他们的情况糟糕透顶,使我已经无法用语言表达了。"

情况就是如此，所以英国政府只能依靠大面积强征来充实部队，并且在征召的过程中采用极端的方法。强征招致商业界以及全民一致的抵触，弄不好的话，很有可能在国内开辟另一个战场。

政府为此采用的强硬手段之一就是发布了一道命令，禁止所有船只出海。即便在战时多数船员都蜂拥到条件好的商船上去，对海军则是敬而远之的。1756年3月3日，英国政府以"由于必要之时船员肯定不足"为理由发出了上述命令，结果，迅速掀起了抗议的浪潮。该命令不仅适用于英格兰和爱尔兰，而且也适用于苏格兰，该命令再加上同时推行的强制征兵的强硬政策，"受到重创的贸易与海运的出路在哪里？那就包租外国船，让我国的海运毁灭吧。……这期间商人的损失是多么巨大……陆地上的人们是不会知道战争带来的损害的"。之前提到的强化强制征兵政策是政府的另一个强硬手段，即，以往凭借证明信被免除强征的5万余名船员因这一政策被剥夺了免征权。特别是以往不作为征兵对象的副船长也被征召，这招改了人们的猛烈批评，"这样一来，船长就要由见习船员、未成年船员和外国人来充当，只能让这些人负责航海，……那么，在航海过程中，一刻也不敢闭上眼睛睡觉吧"。

第四章 征召海军士兵的问题——"一片木板的世界"

表 4-2 英国皇家海军士兵的征召人数

年份	1755 年	1756 年	1757 年
志愿兵	9943	4662	5765
强制征兵	7843	4815	4295
总人数	31126	19758	19682

然而，无论名声再怎么不好，最终还得依靠强征。以七年战争为例，政府对强制征兵的依赖度就达到了七成。现有史料中很少有能显示征召全貌的数据，不过，好在有 1759 年由海军部制作的 1755 年至 1757 年的统计表（表 4-2）。这段时间里征召士兵的总数为 70566 人，其中志愿兵仅仅 20370 人，所以，可以肯定余下的将近 5 万人（因为需要支付奖励金，所以志愿兵的数值是正确的，从这个角度来看或许人数更多）都是以某种形式被强征入伍的。

战争结束时，海军部向议会提出了另一份报告，报告中提到 1755 年至 1762 年期间征兵总数达到 184893 人，其中 35000 人为志愿兵，海军士兵至多为 4 万人，即海军陆战队，所以，可以推断强征来的船员应该超过 11 万人。通过分析军籍簿（Muster book）得知志愿兵占

55.6%，因为"来自其他船只的替换者"超过十分之一，所以，被强征来的人在几乎所有的船只上不超过10%，于是就有人对这一现象提出了批评。然而，在批评者列举的5艘战舰中也有像伊丽莎白号那样强征士兵占36.4%的情况，因此，那些被分为"来自其他船只的替换者"的一类人当初是如何入伍的问题就成了无解之谜，不过，因强制征兵被赶走的人显然也相当多。另外，多数"志愿兵"其实是被强制征兵吓到了，经过开导让他们转为能获得高额奖励金的"志愿兵"，而且存在这种情形的人不在少数。由此看来，批评者的主张存在过于低估"强制征兵"的影响力的偏见。

二、强制征兵的时代

英语里有一个短语叫"航海的人（seafaring people）"，说的正是渔民或船员等靠海洋生活的人。对于他们来说，战争具有与前文提到的贝德福德郡等内陆人不同的意义，原因就在于曾经发生过海军强制征兵的可怕事情。从这个意义上来讲，18世纪英国的对外战争几乎

第四章 征召海军士兵的问题——"一片木板的世界"

都是靠"航海的人"的牺牲推行下去的,因此,沿海各郡的人民完全有理由把强制征兵队看成是每个郡的敌人。因为强征不只发生在海军,直到1815年陆军也在采用。不过,在那个殖民地战争的时代,毕竟是以海军为主的,所以,海军的强征一直持续到1830年代。

"我刚到伦敦的岸边,就险些被强征入伍,我非常害怕,所以就决定回老家去了。"这句话就是前文提到的那个千方百计要去美国的"倒霉的农夫"讲述的亲身经历。比普斯是海军部的高官和著名的日记作家,他在1666年7月1日的日记中也记述过这样的事情,"一个贫穷而且吃苦耐劳的人,他是家庭的顶梁柱。突然有一天他被陌生人掳走了,留下了可怜的妻儿,我看到那个场景感到非常难过。所有那些被非法掳掠却得不到征兵补贴的人都让我看不下去。这就是彻头彻尾的专制……康沃尔[①]有三个活泼的姑娘,她们女扮男装在帽子上别上了玫瑰徽章冒充强制征兵队。而且她们就穿着那身衣服堂而皇之地去了大约有60个男人在那里干活的丹尼·保尔采石场。那些家伙们曾发出过豪言壮语,说如果强制征兵队敢来就把他们跟垃圾一起埋掉,可是,当看到三个假扮的姑娘时,竟一哄

---

① 康沃尔(Cornwall)是英国英格兰西南端的郡,位于德文郡以西,郡治特鲁罗。——译者注

而散跑得无影无踪。"

强制征兵如此恐怖，导致了许多令人难以置信的事件的发生。这样一来，强制征兵队就被民众视为了公敌。即使在议会里也有一些人将其视为必要之举，但很少有人无条件地支持强制征兵。而苏格兰的哲学家大卫·休谟[①]发表了如下言论表示赞同这种做法，可以说他的言论代表了英国大多数英国知识分子的观点。"然而，只有一个例子证明我国议会偏离了'主权在民'的政治原理，不是别的，就是将强征船员入伍（the pressing of seamen）的问题。在这个问题上，国王被允许行使了不合法的权力。"

百姓群起抵抗强制征兵的事情屡有发生。"上个星期，从布赖斯来的强制征兵队去了纽比金（Newbigin）想要征召几个渔民，可是，他们遇到了充满敌意的游行，于是，他们被迫撤出了那个村子。强制征兵队的人感到很屈辱，可是，许多看热闹的人却感到无以言表的快乐"。这样一来，围绕着强制征兵在沿海地区的民众中间便形成了反抗权力的气氛。最流行的说法是走私贸易使沿海地区民

---

① 大卫·休谟（David Hume，1711年4月26日—1776年8月25日），苏格兰不可知论哲学家、经济学家、历史学家，苏格兰启蒙运动以及西方哲学历史中最重要的人物之一，著有《人性论》《大不列颠史》等。——译者注

第四章　征召海军士兵的问题——"一片木板的世界"

众意识到了"权力"为何物。不过，在唤醒绝大多数人的意识方面，走私贸易的作用远不如强制征兵。在泰恩赛德等英格兰东北部各地的"共济俱乐部"，不论采用什么形态，只要是为国王的"海军"服务甚至就等于被除籍。

然而，民众的抵抗不全是使用和平手段的。1756年4月2日，西南部巴斯（Bath）的地方报纸《巴斯广告人》报道了这样一个事件，"上个星期日的早晨，在（巴斯市的）凯恩附近，一个叫杰克布·斯巴罗的人在床上睡觉的时候遭到了强制征兵队的袭击，他认输了并开始换衣服，可是，强制征兵队的队员试图捆绑他，杰克布·斯巴罗拒绝了并声称谁来捆绑他，他就刺谁。队员威廉姆斯·沃特没予理睬便走上前去，结果被刺中心脏身亡。"还有一例，"……1770年，黑人麦克·托马斯和白人安·布兰德利在圣教堂刚要举行婚礼，结果被强制征兵队打断，于是，黑人新郎和黑人、白人双方友人奋起抵抗，在教堂中发生了一场暴乱，并有教士因此受伤"。尤其是船舶悉数征召的做法导致的激烈冲突更多，"今天午后，随着噪声，发生了令人忧虑的事件。林克斯号战舰的军官们为了强制征兵来到东印度公司的船舶里奇蒙德公爵号上，……东印度公司船舶的大副（副船长）警告军官们，里奇蒙德公爵号的船员已经控制了武器库准备抵抗强征"，结果，

131

双方发生冲突，东印度公司一名船员死亡，数人重伤，生命垂危。在干涉法国大革命的战争初期，在约克郡的煤炭货运港口，也发生了数百名群众围攻强制征兵队并使之溃散的事件。

特别是在拿破仑战争初期，此类事件发生得格外频繁。例如，在约克郡的主要港口赫尔，1794年7月9日，经戴维斯海峡回港的"撒拉和伊丽莎白号"（大概是捕鲸船）刚要入港就遇到了自由门舰"曙光号"来强制征兵。"撒拉和伊丽莎白号"的船员们隐藏到船舱里边伺机逃跑，强制征兵队撬开舱门并开了枪，致随船乘员造船匠爱德华·博古死亡，其他三人受伤。全船人员几乎全部被强征，送到了多佛海峡的"诺亚号"船上。该事件引起诉讼，虽然判决"曙光号"船员故意杀人、伤害等罪行，可是，该船当时已经被派遣到东印度海域，结果使得判决书形同废纸。

1798年，另外一艘赫尔港的捕鲸船"布兰尼姆号（Blenheim）"从格陵兰岛返航，遭到两艘军舰袭击，于是船员拿起大刀和长矛进行了抵抗，战斗规模很大。附近另一艘军舰"鹦鹉螺号（Nautilus）"前来支援强征队，尽管如此，捕鲸船的船员们仍然不屈不挠地进行抵抗，受伤者不断出现，但最终迫使强征队放弃了强征。但是，因

第四章 征召海军士兵的问题——"一片木板的世界"

为有两名强征队船员死亡,事后"布兰尼姆号"船长在约克受到了法庭审判,最终被判无罪,受到市民欢呼迎接。此事也被记载于同时期的赫尔市城市史中。同年7月20日,一个名叫罗廷的校尉小队长率领的强征队遭到民众的攻击,竟然动用了民兵来进行镇压。有一家叫作"航船的名誉"的酒馆,是强制征兵队的据点,人们用隐语称之为"约会(rendez-vous)",1803年,该酒馆受到民众攻击,毁坏近半。到了1811年,一个叫作约翰·怀特的人,因为他向强制征兵队出卖了船员的藏身处而成为"万人恨",遭到了以女性为主的群众的暴打。

总而言之,对抗强制征兵的方法总体上有三种,即公开反抗、躲避(藏匿)和入伍后逃跑。

强制征兵始于何时已无法考证,但是可以肯定的是在中世纪早期就有了。著名的克伦威尔(Cromwell)的新模范军(The New Model Army)几乎都是通过强征组成的。不过,海军的发展是在16世纪,而走上正轨则是在王朝复辟以后了,所以,海军的强制征兵也是随着其建立就开始了。在伊丽莎白时期的1563年,发布了《海军维持法》,其中规定:"所有渔民及船员除作为船员之外无服兵役之义务。"1740年,该法将未满18岁者及55岁以上者、在英国船上做船员的外国人、船员经历不足两年的见习生等移出了征召之列。换言之，除此以外的海上人员（"航海的人"）都应该在征召之列。然而，随着战事激化，这些规定一条一条地被忽视掉了。因为过于容易出海并且对贸易活动有害，所以，在1755年就连从以往被禁止出海的港口的出港船（非回港的船）也开始被征用了。地方港口的船夫即渔船、江船、沿岸海船的船员是地区生活中不可缺少的人，所以，要是征召的话，应该征召那些做海外贸易船的船员，而且最大的强征据点就是伦敦。

这种名声极差的征召方式是按照下述顺序实行的。首先，枢密院发出强制征召的指令，海军部受命将"征兵令（Press Warrant）"发给地方政府，后者指定招募人员。在海上，一旦有机会，所有的军舰都可以进行征召。在陆地上，除海军相关人员之外，1739年还给伦敦周边32千米以内的警察也发去了"征召命令"。陆地上的征召队通常由包括一名指挥官和一名副指挥官在内的二十名左右的成员组成，在海上则成员人数加倍，否则很容易被反抗者逆袭。在陆地上，有船员出入的酒馆大多都会成为实施强征的场所。在海上，港口的出口就是实行强征的地点。因为强征以返航船只为主要对象，所以，在伦敦这个最大的强征地点是以多弗的临时锚地的丘陵地带为中心的，而非泰晤士河口的临时锚地诺亚。强制征兵的第二个据点是布

第四章　征召海军士兵的问题——"一片木板的世界"

里斯托尔。流经该市的埃文河(River Avon)注入塞文河一带的临时锚地国王大道成为征兵队（Press Gang）动手的绝佳之地。因此，进入伦敦港的商船为了自卫，在到达戴维斯之前就让船员乘坐小艇逃往福克斯顿或多弗。当靠近国王大道时，布里斯托尔方面也会让所有的船员登陆，待征兵队离开之后再让他们返回到商船上去。

当然，当战争临近时，布里斯托尔的事态也会更加严峻。在七年战争即将开始之前，1755年3月8日地方报纸曾经报道："昨晚，警察搜查了市内所有的酒馆和客栈，大约有120名船员被收容到市政厅，（为了防止有人逃跑）在市政厅有一对军人负责监视。"从那以后强制征兵持续了两个多月，结束了五个月航海的170名船员正与家人团聚时竟在一夜之间被强征入伍。

第二年即战争已经开始的1756年，9月10日从西印度群岛返程到达国王大道锚地的商船弗吉尼亚商人号（船员时隔12个月重返伦敦）上的全体人员对强征队进行了激烈抵抗，互相攻击的结果造成1人死亡，多人受伤。船员的结局如何未见报道，但是，不难推测其命运将是悲惨的。同样的事件并未绝迹，在布里斯托尔市就发生过一个事件。在美国独立战争时期，有一个经常出入商人云集的交易所，名字叫作詹姆斯·凯顿的退休船长就被征兵队抓走，结果布里斯托尔市当局以人身保护法为武器进行了抗争。在这个事件中，埃德蒙·伯克[①]发挥了重要作用。结果，凯顿被释放了。

当然，强制征兵的恐怖行为不单单发生在伦敦和布里斯托尔，而是在临海各郡随处可见。例如，1739年7月，布里斯托尔、切斯特、赫尔、纽卡斯尔、普尔、利物浦、雅茅斯等各个城市都接到命令，以每人20先令奖励金的条件进行强制征兵。19世纪中期的利物浦城市史中记载，18世纪"利物浦的街道上常常充满了暴乱与放肆的打斗"，"尤其是在海军强制征兵的时候，……情况危险至极"。因为强征而开枪的事件不断发生，还有传言说有人花钱从强征队那里买平安，总之，民众一片怨声载道。

即使没有民众的武力抵抗，那些收到"征兵令（Press Warrant）"的警察和市政人员也常常以应付的方式懈怠地执行这个臭名昭著的命令。那些技术好的船员是依靠贸易发展的城市不可缺少的人才。所以，当上级下了命令，当地政府当然不会抓捕这样的船员，多用救济对象的穷人或威胁治安的泼皮顶账。"无数'航海的人'躲藏了起来……公务人员也不揭发'航海的人'……而是将那些大

[①] 埃德蒙·伯克（Edmund Burke, 1729.1.12—1797.7.9.）。爱尔兰政治家、作家。——译者注

第四章 征召海军士兵的问题——"一片木板的世界"

量无能之辈送上去交差……"其实早在1718年，就有报告称"伦敦塔地区的警察想要捉拿游荡在陶尔哈姆莱茨① 的'航海的人'，可是他们一个也没抓到，因为警察受到了治安法官的干扰"。在那些比伦敦规模小，市民关系密切的地方城市不合作的情况就更严重。

到了18世纪末，英国干涉法国大革命（最终变成了拿破仑战争）的时期，这种依靠志愿兵和强征的征召手段已彻底不符合实际了。因此，在1780年代围绕着征召水兵的争论迎来了一个新局面。这场争论的结果就是出台了"摊派法案"。当然，强制征兵在此后仍然持续了十多年，以至于为了应对粮食价格的高涨议员委员会于1800年提出了振兴苏格兰渔业的议案，要求将渔民移出强征的对象。

表4-3 摊派法案规定的征召海军士兵额定人数

郡	人数	郡	人数
贝德福德	69	康沃尔	195
白金汉	116	德文	392
切斯特	235	埃塞克斯	253
坎伯兰	182	赫里福德	104
达勒姆	169	亨廷顿	46

---

① 陶尔哈姆莱茨(Tower Hamlets)，临近伦敦市，属于商业区之一，曾是伦敦对外贸易中心。——译者注

续表

郡	人数	郡	人数
格洛斯特（含布里斯托尔）	204	兰开斯特	589
哈福德	104	林肯	334
肯特	439	米德塞克斯	362
莱斯特	183	诺福克	264
伦敦	190	诺森伯兰	176
蒙茅斯	58	牛津	126
北安普敦	136	萨默塞特	348
诺丁汉	158	斯塔福德	238
拉特兰	161	威斯特摩兰	69
南安普敦	231	约克	1064
萨福克	239	萨里	316
萨塞克斯	166	沃里克	204
伯克郡	106	威尔特	169
剑桥	125	威尔士	633

史料 House of Commons:Sessional Papers,vol.95.

三、载入史册的海军大叛乱

依靠志愿兵和强制征兵制度到了18世纪末就彻底走进了死胡同。其一是遇到了激烈的抵抗，导致水兵征召人

第四章 征召海军士兵的问题——"一片木板的世界"

数根本无法达标,其二是通过强就征来的士兵本身质量也很差。借用当时的军人约翰·马坎奇的说法:"虽然并非无人支持强制征兵,……但是不得不承认征兵的人并不了解(被征兵的人)真实情况。被征来的人完全就是文盲,行为粗野,头脑混乱没有判断力。这些人天生性格粗鲁,大大咧咧,天不怕地不怕,做事更是不计后果。"船员本来就"有强烈的个人自由的意识和强烈的独立性",并且"通常具有世界公民的意识",所以"只要能够逃脱强制征兵,真正的国家利益也会随便地牺牲掉。在战争中每天都有士兵逃跑就清楚地证明了这一点"。

因此,当对外关系的紧张局势因法国大革命而骤然加剧时,海军征兵的彻底改革就变得不可避免了。给各郡摊派征兵人数的制度引起了各郡怎样的反应,这个问题饶有趣味,考察到这个阶段,我们第一次见到了有关士兵出身的正确的史料,对此应该高度关注。

在小皮特[①]政权统治下的1795年3月和4月,出台

---

① 小威廉·皮特(William Pitt the Younger,1759年5月28日—1806年1月23日),18世纪晚期至19世纪早期的英国政治家。1783年,他获任首相时年仅24岁,时至今日,仍然是英国历史上最年轻的首相。其父为老威廉·皮特(William Pitt, 1st Earl of Chatham)。——译者注

了被称为"摊派法（Quota Acts）"的三条法律，确定了全新的海军士兵征召方式。第一条法律规定了英格兰和威尔斯各郡共计征召9760人的义务。第二条法律规定了对主要港口城市进行摊派的事宜。第三条是关于在苏格兰进行的摊派事宜。因为第一个法律是根据全新的理念制定的，因此成为激烈争论的焦点，在对原方案中各郡摊派数额做了微妙修改之后最终得以成法，其中规定如果地方政府不能完成指标时则需要缴纳每人30英镑的罚款。抛开征兵数量极少的拉特兰郡的21人不谈，对比各郡的摊派数额后发现贝德福德、伯克郡、剑桥等内陆郡征兵数量没有超过200人的。然而，沿海各郡的负担都很大。例如，德文郡为392人、林肯郡为334人、萨默塞特郡为348人等。结果不言自明，如果重新发动对外战争的时候，这些郡就会承担征兵的压力。根据第二部法律，东北部的斯卡伯勒（Scarborough）被摊派了297人，惠特比（Whitby）被摊派了573人等，港口城市的负担更大。当然这就引起了港口城市的征兵强烈反抗，被摊派了700人的坎伯兰的怀特黑文市(Whitehaven)就发生了抗议活动。据史料中记载，"根据本地区的特殊情况，无法长期提供本法所要求人数的船员和见习船员。附带奖励金的做法对本港的煤炭交易也具有破坏作用。……假如目前所提

第四章 征召海军士兵的问题——"一片木板的世界"

法案成法,则用于煤炭交易的大多数木船将无法营运,煤矿雇佣的所有矿工将迅速致贫"。

于是,各郡立即由治安法官开启季审法庭审理诉讼,而港口城市则由市长、治安法官、主要税务官、船主和商人的代表组成委员会,最终确定将征兵人数进行分割摊派给教区或联合教区,以地租核定官提出的住宅税和窗税[①]为基础进行摊派。例如,约克郡就在 1795 年 3 月 19 日以后的季审法庭上确定了对各地区的摊派结果,提出了约克市为 34 人、惠特比为 15 人的方案。另外,决定给各个地区的教区摊派的小治安法院于 4 月 8 日在约克市市政厅开庭。有的教区交出的应征人员是外乡人,尤其是苏格兰人和爱尔兰人,还有许多地区从一开始就宁可交罚款也不应征。之所以这样做,主要是因为如果征召本地人,那么应征者的家庭有可能沦为救济对象。不过,林肯郡的林赛在后期也让外地人顶替本地人应征,但是他们给应征者家乡的亲人支付酬金,由此看来这种做法在全国很普遍。另外,征兵接受的是 16 岁到 60 岁的健康男子,契约劳工的书记员、矿工、码头煤炭装卸工、学徒、合法结婚并

---

① 窗税(Window Tax)历史上英国人开窗户是要向政府交税的,称之为窗税,最初在 1697 年开征的窗税原本只适用于英格兰地区,后来扩展到苏格兰及整个大不列颠王国。——译者注

有两个孩子的丈夫不在征兵之列。此外，还规定抓住逃兵的人会得到 20 先令的赏金。

也有声音批评"摊派法"是在"清洗各地的问题人口"，可是，皮特政权却为此成功地保障了兵源而欣喜，并在翌年的 11 月再次出台了新的"摊派法"。其中有关英格兰的法律规定了其沿海各郡共计征兵 6142 人，规定苏格兰征兵 2108 人，同时还规定了威尔士各郡和英格兰内陆郡共计征兵 6525 人。

据《约克郡编年史》记载，按照上一年的法律规定，"水兵的月薪为 22 先令 6 便士，外加 1 磅最好的牛肉或猪肉、可口的菜汤、1 磅面包、1 加仑最好的啤酒。另外，士兵们还可以住在室内，躺在干爽的床上睡觉。这次不仅可以得到战利品，还可以得到预支近两年的军饷"。这样的待遇导致最终勉强完成了征兵目标。然而，第二年的法律却彻底失败了，几乎所有的教区都没有完成目标。其最大的原因就是按照上一年的法律规定把所有符合条件的人悉数送进了军队。另外，因为陆军名声不佳，加之与前一年谷物价格高涨的情况不同，今年粮食丰收，价格回落了。

另外，最终负责征兵的各个教区会提供什么样的兵源？18 世纪急剧增多的海军士兵究竟是一些什么样的人？其实他们的经历与自愿去美洲做契约劳工的人非常相

第四章 征召海军士兵的问题——"一片木板的世界"

似。虽然考察该问题的事例不是太多，但是可以利用涉及七郡（约克郡、肯特郡、莱斯特郡、林肯郡、诺森伯兰郡、诺丁汉郡、萨塞克斯郡）的"摊派入伍士兵（quota man）"史料。

C.吉尔和M.路易斯曾经提出被征召的是一些流浪汉、罪犯，而F.W.布鲁克斯持反对意见，双方的见解不相同。吉尔认为通过"摊派法"征召的士兵（"摊派兵"）"都是因为犯罪或不走运而被迫当兵"的人。然而，布鲁克斯则认为应征者里"有相当一些人是想要为国效力的地方上的地主或牧师等优秀且口碑好的人"。吉尔及其一派的观点认为海军就是"漂流的强制收容所"，布鲁克斯一派的观点则主张海军士兵的社会出身是"英国社会的缩影"，具有适度的凝聚力也是团结精神的特征。

表4-4 海军士兵的职业与年龄分布表（人）

职业种类	10岁以上	20岁以上	30岁以上	40岁以上
劳工	10	23	7	0
船员	2	17	18	5
纺织工	12	13	18	0
农仆	5	8	0	0
已婚农民	5	4	0	0

续表

职业种类	10岁以上	20岁以上	30岁以上	40岁以上
自由农民	1	4	0	0
面包师	3	2	1	0
肉贩	1	2	1	0
木匠	0	2	2	1
棉纺织工	6	1	0	0
鞋匠	2	6	4	0
细木工	3	3	2	0
石匠	4	4	1	0
矿工	3	1	1	0
丝织工	1	3	0	0
织袜工	3	0	0	0
其他*	24	39	11	6
合计	85	132	66	12

＊其他职业种类几乎都与工商业有关。

注：1. 根据 *North Riding Naval Recruits* 计算得出。

2. 另外，根据史料得出的肯特、莱斯特、林肯郡、诺森伯兰、诺丁汉、萨塞克斯的结果也极为相似。

实际上"摊派兵"是怎样的一些人呢？看一下表4-4和图4-1就能一目了然了。士兵的年龄以20岁上下的年

第四章 征召海军士兵的问题——"一片木板的世界"

轻人为主,从职业分布来看就是一幅各郡底层社会的剖面图。根据职业分析的结果,在诺丁汉郡除"毛纺织工"人数略微领先之外。在职业分析中,除了"纺织工"在诺丁汉郡略占上风外(后来成为卢德分子运动核心的纺织工此时已经构成了激进主义运动的主力,这一事实本身就与后文所述的"海军大叛乱"有关),莱斯特郡的纺织工和游荡者数量最多。

与契约劳工的相似性在年龄方面也很明显,不过,其特点是40岁年龄段的占比略高,当然,这反映出其中有许多具有专业经验的"船员"。以北区为例,11名40岁年龄段的人中有5人、65名30岁年龄段的人中有18人是"船员"。因此,可以说除去这些"船员"之外,因"摊派法"入伍的人的社会出身与契约劳工几乎相同,所以,那些人并非单单是"英国社会的缩影",而且是"底层贫民社会的缩影"。在同为北区的史料中详细记录了每个士兵的身体特征。原本利用该资料是为了探讨逃兵这个大问题的,可是,在这些资料里却看到了约克郡农民的身影。关于士兵"脸上有天花留下的痕迹"的记录频频出现,这反映出数年前在当地曾暴发了天花的事实。从可怕的传染病中死里逃生的约克郡农民,有的人"双手的小指发生了变形,像一个钩子",有的人"脸颊上有烫伤",有的人

"老得显得脸长",还有的年轻人堪称"美男子",就是这样的一群人当时置身于炮火硝烟中。

皮特为镇压法国大革命发动了对法战争,在战争正酣的阶段有一个叫作巴罗德·阿克利尔的志愿兵给故乡的父母写了一封信,看了这封信,可以清清楚楚地感受到这个因"摊派法"而入伍的士兵的内心世界。

  在鲁庞贝号战舰上
  父亲、母亲
  今天,轮到我到鲁庞贝号上执勤。……离开二老,登上圣帕里埃号之前本以为能领到1几尼奖金,可是拖了很久……直到现在连一个子儿都没收到。不但没领到钱,就连我乘坐的船也换了。圣帕里埃号的人说您二老是我的奖金接收人,所以我把文件一同寄给你们,上边有圣帕里埃号舰长的亲笔签名。马上就要到期了,领到之后,你们随便花。……可是,要是领不到那可怎么办,我也没有主意。……你们预料战争的前途会怎么样?我觉得一时停不下来。出海之前我还会给你们写信。

从舰船的名字可知,鲁庞贝号和圣帕里埃号都是从法国

第四章　征召海军士兵的问题——"一片木板的世界"

缴获来的战舰，该信的原文没有标点，拼写也很奇怪，不过，很清楚地讲述了士兵实际上没得到奖金，最终受骗上当的情况。这个叫巴罗德的志愿兵的境况还不算很差，莫如说他这个因"摊派法"入伍的"新兵"的境况比那些经历丰富的老兵好得多，由此看来，在以老兵为主体的海军士兵中积蓄起了不满情绪就不奇怪了。

海军中积蓄的不满情绪终于在 1797 年初爆发了，导火索是停泊在朴茨茅斯港海面的兰开斯特号战舰，酿成了载入史册的海军大叛乱。其实，1794 年在寇丹号和威瑟·卡斯尔号就各发生过一起叛乱，到了 1797 年，停泊在朴茨茅斯港的每艘舰船都给豪提督（Lord Howe）写去了请愿信，然而，他们的请愿遭到了无视，于是叛乱发展到极为猖獗的地步。叛乱最大的根源是极为恶劣的伙食、家属见面、伤病员治疗等士兵日常待遇以及自查尔斯二世以来从未改变的低军饷。在实行 1795 年"摊派法"之后通过硬性征兵招来的都是根本没有船员经历的"问题人员"，然而，他们却能得到高于经历丰富的二等老兵三倍的奖金，这种情况引起了老兵的反抗，也成了发生叛乱的重要原因。另一个很大的原因就是一些新入伍的"问题人员"经历过民众运动，他们纠集了许多不满分子，而且似乎跟伦敦及其他地区的"通信协会"有很密切的联系。

这场发生在朴茨茅斯的"海军大叛乱"中,瓦伦泰·乔伊斯被视为主谋。据说他是贝尔法斯特的烟草商人,是"团结的爱尔兰人(United Irishman)"的成员,还因为与激进主义运动有关而被判谋反罪。不过,他与父母长期居住在朴茨茅斯,因此该说法未必有证据。

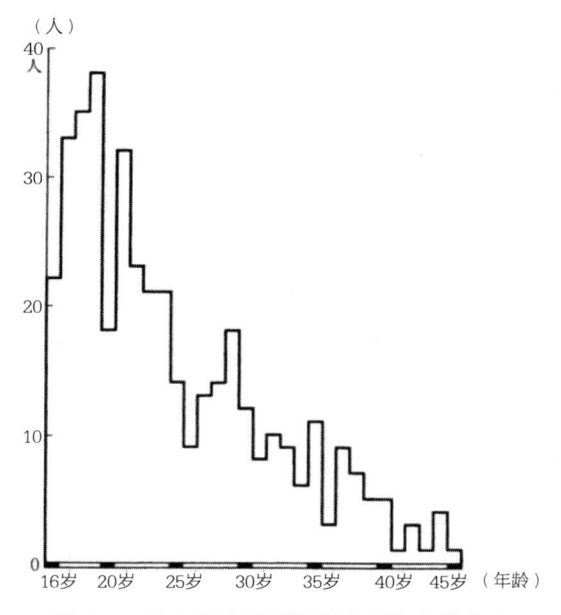

图 4-1 约克郡北部"摊派士兵"年龄分布

始于朴茨茅斯的这场叛乱迅速蔓延到停泊在泰晤士河口的临时锚地诺阿的舰队中。理查德·帕克指挥的叛乱使其规模迅速扩大,竟形成了"漂浮的共和国"。帕克于

第四章　征召海军士兵的问题——"一片木板的世界"

1782 年曾一度被强征入伍，后因"病"退伍。事实上，他与其他指挥者一样是 1795 年以后因"摊派法"而入伍的"新兵"，而且，在入伍之前他们就经常出入"通信协会"等组织并深受影响。"通信协会"等组织是随着工业革命的发展陆续出现的一种激进的政治俱乐部，因此，就连 E.P. 汤姆逊都认为这一连串的海军叛乱几乎都与法国的雅各宾派有关。不过，这场大叛乱最终使海军士兵的待遇得到了改善，"摊派法"就此落地。1830 年代，臭名昭著的"强制征兵法"也被废除了。

从 1764 年到 1782 年海军舰船实际乘船人员的零散数据可以看出，"摊派法"之前的水兵与实行"摊派法"征召的士兵本质上并没有差别。例如，在此期间，13 艘舰船上的 541 名二等和三等水兵中，年龄在 15 岁以上的占 50% 左右，25 岁以下的占 35% 左右，这两组年龄段的人占总人数的八成。这正是做仆人和做契约劳工移民的年龄段。一旦当上一等水兵，水兵年龄的峰值自然要移至 25 岁之后。相反，数据中辅助水兵（"仆人"）的例子很少，但是年龄峰值在 14 岁，他们是从出生家庭或所在教区直接去做海军的"仆人"。

四、被送上战场的孤儿——克拉姆和汉威的"福利"活动

如上节所述,因"摊派法"入伍的海军士兵的社会出身多为有船员经历的人,如果不考虑其中会有年龄很大的人,那么这些人与契约劳工移民没有大的差别,而且他们是比嘉廉松所说的"英国社会的缩影"的人更底层的人。这样,再仔细研究一下契约劳工的数据我们就会发现其中还有一个更明显的特征。

在此,我想谈一下契约劳工的父母,特别是与其父母有关的信息,不知为何这个问题从来没人触及。《伦敦市长日志》中有丰富的相关信息,在《伦敦市长日志》中可以看到异常多的"孤儿",与其说他们是孤儿,不如说是"弃儿"。在其他移民史料中,他们被称作"可怜的孩子(poor lad or poor boy)"。实际上,《伦敦市长日志》有关契约劳工的记录中有关于其父母的职业和生死状况的说明,同时还记载了异常多的"弃儿"、孤儿和单亲儿。回顾长期以来的移民研究史,不知为何没有研究者关注这个问题,笔者认为这个问题在研究契约劳工移民背景方面具有重要的意义。

第四章 征召海军士兵的问题——"一片木板的世界"

乔纳森·科尔

被遗弃在伦敦科利赫斯特教区的弃儿（poor boy）……经该教区教会负责人之一的托马斯·汉沃尔同意，与船员托马斯·卡斯腾签约在巴巴多斯做契约劳工七年。一六八五年七月二十日。

莱昂纳多·福斯特

弃儿（poor boy）。与爱德华·皮亚斯签约在安提瓜做契约劳工九年。福斯特小路的圣莱昂纳多教区教会负责人同意。……一六八五年三月五日。

这条记录显示，该弃儿的姓名直接使用了街道和教区的名称。

詹姆斯·特立尼蒂

经伦敦特立尼蒂教会负责人同意……

虽然这条记录中的这个少年没有被标记为"poor boy"，但是根据用教会名称为他命名这一点来看，这个少年明显是弃儿。

当然，记录中也有许多双亲或单亲健在却无力抚养的例子。

詹姆斯·科林兹

牛津郡的沃尔弗考特劳工，已故约翰·科林兹之子。因在街上游荡被捕，按照本人意志与约翰·莱特福特签约在弗吉尼亚做契约劳工十二年。……一六八四年七月七日。

这条记录中没有其母亲的信息。

威廉·简特曼

伦敦查令十字街的搬运工，已故威廉·简特曼之子。该少年经常在市场和街道上行窃。没有朋友和亲戚照料。……签约在弗吉尼亚做契约劳工十五年。一六八四年七月四日。

乔治·弗恩

汉普郡戈斯波特梳毛匠乔治·弗恩之子。经父母同意签约。家庭极贫无力抚养该子。

麦利亚·劳伦斯

米德尔塞克斯贝斯纳绿地已故约翰·劳伦斯之女。与约翰·赖弗签约在弗吉尼亚做契约劳工七年。一六八五年七月三十日。

查尔斯·桑顿及……其继父约翰·塔瓦交易。

第四章 征召海军士兵的问题——"一片木板的世界"

笔者认为正确的情况应该是这位少女被其继父卖掉了。

威廉·萨马塞特

直曾在伦敦白色礼拜堂出现的约翰·萨马塞特之子。因其父失踪……与约翰·希曼签约在弗吉尼亚做契约劳工九年。一九八四年(译者注：应该是"一六八四年"，当为作者笔误。)七月十九日。

笔者认为该少年遭到了父母的遗弃。

约翰·安达伍德

菲尔兹圣贾尔斯的食品店店主，已故约翰·安达伍德之子。签约……在马里兰做契约劳工五年。年龄应在十五岁以上。一六八五年八月四日。经过其收容在巴巴斯·波尔养老救济院的母亲同意。

该少年不知道自己的年龄，应该是父亲亡故、母亲被救济院收容的原因。

《伦敦市长日志》总共记载了878名契约劳工移民的情况，其中297人失去了双亲或父亲，占总人数的34.7%。因为有关母亲的信息不多，如果包含失去母亲的例子，我认为这个数值会上升到相当高的程度。另外，也存在像上述乔治·弗恩那样父亲健在却无力抚养的案例和前文提到的因父亲外出当兵而留下母子的家庭的现象。因为当时英国人的平均寿命不长，所以有很多父亲并没有看到自己的孩子长大成人，尽管如此，近代英国单亲家庭的比率不超过20%。在1599年到1811年对19个村落进行的区域人口调查中，6668个家庭里有954个家庭没有父亲，占比为14.2%。这样看来，可以说前文提及的契约劳工移民的数字就过高了。

这些孩子们在当时的英国究竟受到了怎样的对待？有的人被看成是因为母亲的性放纵而出生的（虽然本人没有责任）被人侮辱的"弃儿"，这些弃儿在英国的处境相当悲惨，那么他们最终会被怎样"处理"掉呢？对于这个问题的答案可以从两个有些与众不同的博爱主义者的活动中找到线索。一位是托马斯·克拉姆船长。克拉姆在18世纪初以造船技师的身份去了新大陆，可是，由于他是国教徒，所以跟新教移民的关系不融洽，于是他回到国内开办了"伦敦弃儿收容所（The London Founding Hospital）"。另一位则是支持克拉姆并另外创建了"海洋协会"组织的商人、探险家乔纳斯·汉威。克拉姆每天从罗瑟海斯去伦敦，途中看到街上到处是弃

第四章 征召海军士兵的问题——"一片木板的世界"

儿和流浪儿,尤其是弃儿令他非常痛心。于是,他和对当时的人口减少感到危机的汉威携起手来,决定收养这些弃儿和孤儿,把他们培养成将来的士兵。"伦敦弃儿收容所"作为"克拉姆基金会"仍然设在伦敦市中心,而"海洋协会"则设在泰晤士河南岸的兰贝斯(Lambeth),起到海军少年学校的作用。可以通过俄罗斯公司职员汉威留下的大量手册和意见书可以看到有关"伦敦弃儿收容所"和"海洋协会"的情况。汉威对以葡萄牙和俄罗斯为中心的大陆的情况非常熟悉,他还因激烈地抨击饮茶的习惯而闻名。

汉威于1760年写过一本《弃儿接收医院简史》的手册,其中讲了"伦敦弃儿收容所"开办的经历及其初期活动的情况。

安妮女王时代[①]有几个外国贸易商人"打算募捐建一所医院用来接收那些因父母的不幸或不务正业而沦为弃婴的孩子,他们曾提出申请以期获得许可",然而却没有了下文。1739年,克拉姆"不忍目睹天真的孩子流浪街头",于是他提议建立一种制度,即在伦敦的拉姆斯康迪特草场搭建帐篷,将那些人们养不起的"弃儿"安置起

---

① 安妮女王(Anne of Great Britain,1665年2月6日—1714年8月1日)的别名。——译者注

来，为此他四处活动并寻求认可。在当时的伦敦已经有许多慈善计划和制度，可是，实际上"贫民的孩子常常在出生时就被杀死、被遗弃在街路上、被野蛮的教区护士推上邪路"。这样一来，孩子们就沦为流氓或乞丐（为了博得人们的同情，有的孩子还被弄瞎了眼睛）。为了阻止这些悲剧，"我们来收养这些可怜的孩子……为了让他们成为对英吉利王国有用的人……为了这些婴儿我们建医院"。据说这就是克拉姆提议的初衷。

以夏洛特·萨默塞特等上流社会妇女为中心的21个人在给国王的请愿书上签名。10月17日，国王的许可批下来了，由贝德福德勋爵出任总裁。克拉姆搜集了已经开设同样设施的巴黎、里斯本、威尼斯等处的信息，在议会也得到了认可，并通过促进该事业的法案。还有一些人持反对意见，他们认为既然人们交了救济税，英吉利就不会有饿死的孤儿。不过，艺术家们对这项事业表示了支持。霍加斯赠了画，亨德尔则每年夏天上演"弥赛亚"。1741年3月，在赫顿花园首先接收了30人，到年底达到了136人。孩子们被送到特殊的保姆那里，可是却有66人死亡。这个死亡率当时与社会一般的死亡率相比并不算严重，可是汉威却认为如果当初把孩子们送到农村去的话结果会更好。汉威深受普拉肯里奇牧师在1755年率先提出的人口减少观点的影响，将城市的生活环境视为弃儿死亡率最大的原因，因此他有如此主张也是很自然的，于是，在1742年，他提出正式兴建医院的想法。他们从1741年3月到1756年5月"收留了1384名，其中只死亡了724人"，尽管如此，仍然有数千名孤儿死在教区。

图4-2 克拉姆上校（霍加斯画）

不过，使人们觉醒过来的是七年战争。"克拉姆提出建弃儿收容所的时间是在此前的英西战争时期，而决定保护弃儿的时间则是从眼下的英法战争开始之后。……'如此下去的话'当下一场战争爆发的时候，那些大量本该成为海军和陆军的人都会在教堂的院子里……长眠。"这就清楚地表明了克拉姆和汉威所代表的"基督教重商主义"或"重商主义的博爱主义"的思想。也就是说，与他们的博爱主义紧密结合的现实的目的意识就是为建立和维持海洋帝国而培养士兵。其实，克拉姆开始这项活动的1739年正是奥地利王位继承战争爆发的那一年，也是沃波尔提出确保海军士兵来源的船员登记制度却没有得到议会承认的那一年。这种"重商主义的博爱主义"的倾向在后文提到的汉威的"海洋协会"（1757年建立）中变得更加露骨。不过，"伦敦弃儿收容所"本身就是以培养海军士兵为目的的，哈里·波莱特爵士已经在1756年就以这样的目的接收了10名儿童。

于是，议会在1756年5月3日认可了首笔1万英镑的补助金，在6月确定了实施方针，即收容所接收出生不超过两个月的所有婴儿，这些孩子就是直到1760年3月25日收留的首批"议会的孩子"。汉威自己也讲道："我无法忘记收容的那一天（6月2日），在这一天里带来了117个孩子。"1775年，议会的补助金提高到了3万英镑，收容婴儿的年龄限制也改为不满六个月，但是，不久又扩大到了十二个月。这一年又建立了约克郡分院，在爱尔兰的都柏林也建了分支，但是，在英格兰西南部的埃克赛特建分院的计划落空了。包括1741年到1756年

第四章 征召海军士兵的问题——"一片木板的世界"

预备收容的弃儿在内,在1760年9月29日之前总共收容了16326人。据说其中9962人都死掉了,占总人数的61%。

然而,收容所却遭到了不断的批评,称其花费过高、有鼓励私生子之嫌、模仿敌国天主教国家等。于是,1760年,收容所将收容对象限定在"尊贵者的私生子",这导致其性质发生了巨大的变化。收容所到1771年之前获得的补助金达到50万英镑,收容者达到15000人,然而,从这一年以后补助金也停发了。曾经强烈推进该事业的汉威在1762年则表示了对收容所的反对。汉威在1762年撰写的手册的第三章里,将各国弃儿处理方法做了对比。这种做法本身就很说明问题,也就是在这个时候他的基本态度已经发生了转变,他认为较之让弃儿成为士兵,更应该让"弃儿"去工厂当劳工。他说:"与专制的法国不同,在我们自由的英国,士兵是有妻儿、父母、兄弟姐妹等需要他保护的人。"

该手册明确指出,巴黎的收容所每年收容四五千人,那里虽然有许多牛奶但是没有足够数量的保姆。而且,在巴黎以外的地方也有若干收容所。汉威说:"法国人见到人就认为是陆军士兵,而我们看到人则认为是家庭佣人、商人、农夫、工匠等。"因此在这个时期,他建议将受过某种程度教育的弃儿或孤儿送去做学徒（伊丽莎白救济法施行以后在各行业做工，特别是在早期工厂中做工的"教区学徒"），所以，当时对劳动力的需求高于士兵，不过，在其他方面也很明显地隐含着对海军士兵的期待。

当时各国对待弃儿的情况也不相同。葡萄牙的里斯本每年接收3千人，但并不将养育孤儿视为宗教行为，私生子也比较受善待。在荷兰，虽然有许多孤儿院，但是对私生子和弃儿却很严苛。在英国，如果不能证明是嫡生的话就会被当成私生子，而在克拉姆提出建议之前根本就没有弃儿收容所。总之，在天主教的国家里，被当成私生子的弃儿受到的对待相当好，而在新教的国家里则受到极其冷淡的对待。英国社会的看法是，弃儿就等于是私生子，私生子就等于是性放纵的结果，而且，人们将父母的放纵行为波及对其孩子的偏见是新教国家的常态。近年来，剑桥研究组的研究也注意到，由于宗教背景的不同，人们对性放纵的反应也不同。暂且不谈让弃儿当兵还是做劳工的问题，克拉姆和长期生活在里斯本的汉威不忍目睹的正是弃儿们被歧视的不公平的现状。

克拉姆当初的策略是以弃婴为主体以充实士兵或劳动力，但是他的做法却无法立竿见影。汉威成立的"海洋协会"对海军士兵的征召则更有效。该协会的目的是将伦敦

第四章 征召海军士兵的问题——"一片木板的世界"

的流浪儿聚集起来,给他们发衣服,最后送进海军。据说盲人治安法官约翰·菲尔丁也启动了一个类似的事务,但是海洋协会是独立发展起来的,并取得了巨大的成功。当初向汉威建议开展该计划的是他在俄罗斯公司的同事查尔斯·丁格里。丁格里曾将汉普斯特的数名孤儿送进海军,是他请求伦敦的慈善学校和劳动救济所的理事们将收容所的孩子送进了海军。

1757年6月25日,在七年战争开始后,议会授权为"弃儿收容所"拨款3万英镑。此外,乔治二世也捐赠了1千英镑。22名大部分来自俄罗斯公司的商人在伦敦市内康希尔的"国王的武器"酒馆(俄罗斯公司的聚会场所)开会,成立了"海洋协会"。伦敦的俱乐部、社团和行会是其赞助商,由此可以看出该计划的高度"商业化"特征。一方面,他们试图解决社会问题,另一方面,也希望增强生产力和海军力量(即"国力"),而这一点与"地主等于绅士"理念中不可缺少的博爱主义之间存在微妙的偏离。进而言之,这与19世纪中产阶级博爱主义的反新教亲圣公会的性质也截然不同。因此,我索性将汉威和克拉姆的思想称为"重商主义的博爱主义"。

该协会仅在七年战争期间就收容了4787名流浪儿,此外,还给5452名成年人新兵提供了衣服。汉威之所以没有给海军新兵提供符合其兵种的服装，一是因为购买海军服的开销是个大问题，同时他也是在模仿在里斯本看到的葡萄牙的做法。总之，直到拿破仑战争结束的 1815 年左右，"海洋协会"输送的海军士兵总数超过了 5 万人。这样一来，不仅减小了臭名昭著的"强制征兵"的影响，同时也处理了社会上的捣乱分子，而且对帝国的建设发挥了作用，可以说，他们的计划不仅仅是一箭双雕，甚至是一箭四雕、一箭五雕，可以说获得了相当大的成功。

不论是从"海洋协会"和"弃儿收容所"建立者名单来看，还是从其目的或基本理念来看，两者明显就是一对"双胞胎"。对于推行重商主义战争来说，前者在确保了人力资源供应方面具有速效性而后者具有慢效性。在这个意义上来讲，两者简直就是"基督教重商主义"和"重商主义的博爱主义"的奇葩。下面，笔者将基于汉威的著作来简单探讨一下他的基本思想。

汉威从年轻的时候就在欧洲各地经商，具备了丰富的国际知识、形成了"重商主义的博爱"思想。他的思考方式有三个前提。第一个前提是人口是国家的财富、是国家的力量。他曾说过："我们的人口越多，我们的财富就越多。因此，如果我们不对自己的利弊视而不见，那么我们就能确保应得的自由。如果现代的人口状况是这样，即英

第四章　征召海军士兵的问题——"一片木板的世界"

格兰有 750 万人，苏格兰有 150 万人，爱尔兰有 200 万人，那么就可以断定全体男性有 600 万人，一旦爆发战争，我们就能立刻组成 12 万人的军队，即男子总人数的五十分之一。可是这样的话，就会导致农业和工业的人手不足。"他认为财富的源泉在于人口，而保护财富则在于人力资源。作为贸易商人，汉威眼里的军队就是海军，海军才是能够保护英国海外权益的唯一力量。

汉威还说过："（如果考虑到所有条件）与培养陆军相比，训练水兵更难。而且……假如将所有船员投入战争，那么，我们从商业中获得财富的源泉都将被切断，'战争的跟腱'就会断裂。（我们）有必要训练新人，因为不经过惊涛骇浪就培养不出熟练的水手。所以，要将贫民家的孩子送到船上去，让他们锻炼体魄，在精神上成为一个男子汉，那样他们就会适应海上的生活，即便对于常人来说是很危险的船员生活，可是对于他们来讲则是稀松平常的事情。"这样一来，也许那个恶名远扬的"强制征兵"制度就可以被废止了。汉威这个"人口就是国力"的观点无疑是与 17 世纪后半叶的重商主义思想是相通的。16 世纪，人们苦于失业者和流浪汉的大量出现，于是认为"人口就是负担"，而汉威的观点则超脱出这种观念。

汉威思想的第二个前提是对于如此重要的人口却在英

163

国逐渐减少这一现状的认识。他的认识明显是受到了普拉肯里奇牧师的影响，普拉肯里奇就是那位掀起了著名的"人口争论"的牧师。该争论也令整个18世纪的英国知识分子被分成了两派。在"人口争论"的过程中，普拉肯里奇牧师是第一次争论中"减少派"的首领，而第二次争论的主角则是理查德·普赖斯。客观地讲，"减少派"是不应该有胜算的，然而，"减少派"在当时却煽动起人们的危机感，并给政策立案和民间活动带去极大影响。

普拉肯里奇牧师的第一篇文章出现在1755年的《皇家学会哲学纪要》上（口头报告在前一年出现），他在文章中说农村地区的人口死亡率是五十分之一，而伦敦是三十分之一。据此推断，伦敦的人口在1743年以后的10年间将减少18万人以上。他在第二年发表的论文中以住宅数为依据，认为整个英格兰的人口都在减少。显然，汉威受到了他的影响，于是称"许多人认为我国的人口在减少，从1714年的900万人（到1760年的现在）变成了780万"。

至于人口为何减少，普拉肯里奇牧师认为有三个原因，而且这三个原因还相互关联，即"21岁的英格兰人中有三分之一的人为未婚的"独身主义者、"底层平民中今年出现的"酗酒行为和消耗人口的海上战争与工商业的

第四章 征召海军士兵的问题——"一片木板的世界"

发展。这三个原因互相交织在一起，而事实上所有原因的背景都基于城市化的发展。不仅是普拉肯里奇牧师，几乎所有"减少派"的论调里都表现出对城市文化生活中出现的"奢靡之风"感到极度的反感。当然，他们将独身主义和酗酒都看成是城市化的奢靡与堕落的一个方面，而伦敦正处在这种消极城市文化的顶峰。普赖斯认为"与支撑首都的各个地区相比，异常臃肿的，吃人的首都"才是导致人口减少的原因，并指出"巴黎的人口占全法国的十五分之一，而伦敦却占九分之一。虽然每年有7000人流入伦敦，但是人口并没有增加"，他进而批评道，"近年来，王国之内各地区间的交通改善了，从而导致伦敦的生活习惯和娱乐扩散到了全国各地。现在，不论多么偏僻的乡村皆沉浸在五花八门的奢靡之中，所有地区都在极力迎合着伦敦"。

在思考人口减少原因方面，汉威也站在了"减少派"的立场上。他是"饮茶争论"中"反饮茶派"的发起者，他将城市的"奢靡"视为眼中钉，认为城市化就是人口减少的罪魁祸首。汉威思想的第三个前提是，"数千婴儿因伦敦腐败的空气而死亡，因此，要想让这些孩子能活下去，不仅要给他们提供食物，还必须给他们提供乡间清洁的空气"。这个理由也是他坚持在远离城区的约克郡建立伦敦弃儿收容所分支的原因。

19世纪初成书的《罗伯特·布林科回忆录》是一部广为人知的教区学徒传记,在围绕工业革命时期生活水平的争论中站在"悲观"立场的人们经常引用该书的内容。罗伯特·布林科是一个孤儿,7岁时从伦敦的圣潘克拉斯的作坊被卖到诺丁汉的工厂做"学徒",然而,假如他是生于18世纪,那么很有可能因为克拉姆或汉威的"重商主义的博爱"而作为一名水兵被送到美洲或印度。因为当时对于"弃儿"和"孤儿"的处理方式正逢将所有社会问题"抛给殖民地"的时期,甚至顺便用于"扩大和维持大英帝国",这是典型的带有近代英国特色的思维方式。

其实,这种思维方式在19世纪前半叶到中叶试行的若干"少年犯"对策中已经非常露骨地暴露出来了。"少年犯"对策或"不良青少年"对策在这一时期经过了复杂的试错过程,其中比较有名的有J.布伦顿的"儿童友爱协会"创办的"布伦顿庇护所"(1833年开始收容儿童)、S.特纳指导的"博爱协会"创建的"莱德希尔农场学校"(1849年开学)、威特岛的国营帕克赫斯特(Parkhurst)少年监狱(1838年建成)。这些设施或监狱收押"少年犯"的前提是待他们度过一定时间之后,最终将他们送到加拿大或南部非洲的殖民地。每个机构对青少年不良行为

第四章 征召海军士兵的问题——"一片木板的世界"

的衡量存在着微妙的差别,因此,所采取的对策也差距甚大,然而,这些人在"问题少年"的"处理"方面的意见却完全一致。

综上所述,克拉姆创办的"伦敦弃儿收容所"作为"克拉姆基金会"和汉威的"海洋协会"仍然以原来的名称现存于伦敦。前者位于原来的拉姆斯孔德迪特的郊区,现如今正在开展与儿童福利相关的事务。后者位于兰贝斯,开展青少年与海军的联系活动。

第五章

圈地运动与移民——建立帝国的农民

一、新斯科舍殖民宣传的虚与实

在研究英国近代的帝国历史的过程中，本书不采取按照在自己国家占主导地位的"资本类别"来断代的立场。然而，毋庸置疑的是这种立场却深深植根于一些国家的历史研究当中。例如在日本，这种观点不仅在学术界，而且在普通民众中也广为流传。因此，为了便于论证，我暂且将帝国主义时代之后的英国与之前的"重商主义帝国"的英国区分开来。先说一下"重商主义帝国"是基于什么动机形成的，如何提出形成帝国所需的劳动力。之前几章的内容谈的都是"契约劳工"，并指出"契约劳工"的社会出身是当时英国底层民众中的低年龄层。可是，那些所谓的自由移民的动机又是什么呢？在分析移民动机的时候，一般从"推动力"和"吸引力"这两个重要因素的区别开始入手，原本移民的动机就是复杂的，有些情况下就连移民者本人也未必有明确的意识。当然，这两个重要原因都有明确的案例。例如，1743年，在阿伯丁招揽移民的詹姆斯·史密斯就雇佣了鼓手在市内来回游走做宣传，此外，还往各地的集市派去吹笛子的人，这就是"吸引力"因素发挥作用的典型例证。然而，在18世纪，也有较之更大规模的更官方的宣传活动。其中更有效的"吸引力"因素是已经移民的人的书信。下面就探讨一下鼓动人们前往新斯科舍移民的活动情况，这在18世纪也是最大的移民宣传活动。

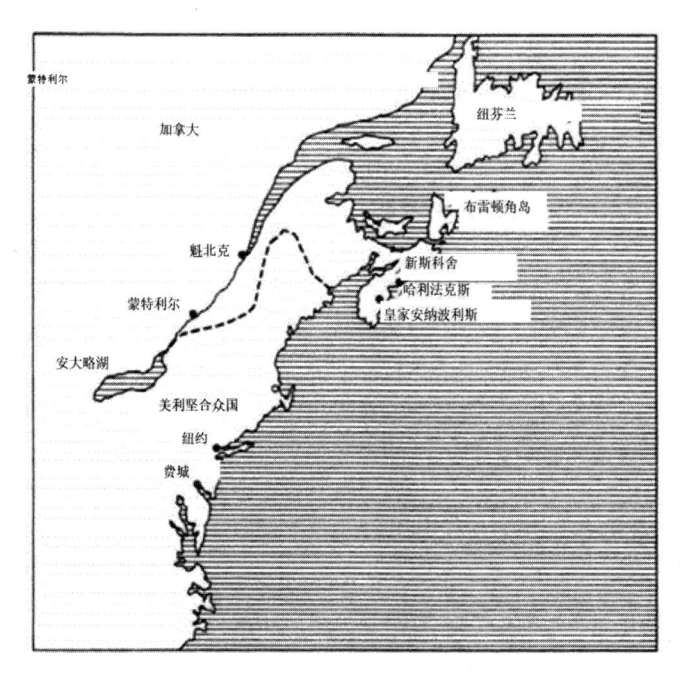

图 5-1 现在的新斯科舍

在第三章中讲过，奥地利王位继承战争已经出现将在1748年结束的端倪，由于担心战后退伍的士兵或军需部门的失业者走上犯罪的道路，《绅士杂志》曾发表文章建议向新斯科舍移民。新斯科舍位于北美大陆东海岸的法属加拿大和英属殖民地的交界处，是个有争议的地区，所以，要让移民过去充当屯田兵负责防卫。实际上，这类宣传活动受到了政府极大的鼓励，于是《绅士杂志》也就拼命地鼓吹。因为根据乌德勒支条约，新斯科舍在名义上属于英国。可是，如果在安纳波利斯罗亚尔（Annapolis Royal）皇属安纳波利斯仅部署守备队的话，是难以进行有效防卫的。

1749年3月，枢密院代表贸易与殖民地委员会发布公告，宣布了在新斯科舍开展哈利法克斯（Halifax）殖民计划。于是，3月7日的《伦敦报》借机宣传政府决定给予"从国王陛下的陆海军退伍的"人以船费、武器、弹药和土地。（笔者将报纸刊文差不多全文的内容附在了本节末尾）《伦敦报》的报道中讲道，原士兵的所有人都能获得50英亩的土地并可以作为世袭财产，而且10年之内免除地租及不收取所有土地费。此后，每50英亩收取的土地费也不超过1先令。军官按照级别给予数百英亩土地，木匠、造船匠、铁匠、石匠等有技能者一律分给土地。英国当局甚至与鹿特丹的商人签署了"将新教徒输送到新斯科舍"的契约。非但如此，在1755年驱逐阿卡迪亚人（Acadia）的时候，还曾鼓励人们从新英格兰移入该地。

第五章　圈地运动与移民——建立帝国的农民

这样，新斯科舍移民宣传被认为是那个时期鼓励移民的典型做法。下面，我们再来看一下以《绅士杂志》为中心的宣传活动。

1749年3月，该杂志刊登了有关"当局者鼓励退伍兵及其他人员向新斯科舍移民"的报道。其中介绍了贸易与殖民地委员会的宣传内容，即如果原士兵及军官移民去新斯科舍并且定居，将按照在部队的级别分给0.2平方千米到2.4平方千米的世袭土地（fee simple），同时还对新斯科舍做了详尽的介绍。不过，其中关于新斯科舍介绍的内容则是节选自一位叫作奥蒂斯·李特尔的"通晓当地情况"的人所写的手册。

报道中有关地理方面的介绍基本上是正确的，不过，下面的叙述内容作何解释呢？"渔业与纽芬兰一样得天独厚，港口众多且是史上罕见的良港。除盛产鲑鱼、鳟鱼和鳗鱼之外还有多种淡水鱼，各种鸟类数不胜数。林中有大量的鹿、兔子和可产珍奇皮毛的动物。土壤极为肥沃，可种植所有谷物和其他作物。大地上覆盖着白蜡树、水青冈、榆树、冷杉、枫树、杉树等。到处都是可用于建筑的石灰岩和坚硬的岩石"。因此，移民很快就能自立，而且可作桅杆的材料非常丰富，所以，造船业也很快就能繁荣起来。加之波士顿近在咫尺，产品很容易就能找到市场。这些宣传在当地传遍了每个角落。

《绅士杂志》的读者都是中产阶级以上的人，因此不知道这样"诱人"的报道对民众的判断会产生多大的影响。笔者认为，与17世纪不同，18世纪的移民对这种"诱人"宣传应该是持有深深怀疑态度的。即使这样，《绅士杂志》的宣传却依然不遗余力。其中一篇报道讲到，"3月8日，向贸易和殖民地委员会提交了去新斯科舍的400余人的名单，政府签署了50次的运送合同"。还有，"4月12日，许多接受了国王陛下分配土地提议的退伍陆军、退伍水兵、贫穷的工匠和劳工等来到了白厅[①]"。5月31日的报道还有"移居新斯科舍的家庭数达到了3750户"，并称为了确保防卫已经建成三座要塞。这一时期对爱尔兰、苏格兰和新英格兰的移民也声言将给予同样分配土地的待遇。

6月21日，《绅士杂志》又报道说"来自皇帝领地的许多德国新教徒也希望移民到新斯科舍"，"移民到当地的人数已达6千人，待下一趟船队出港将达到1万人"。

登峰造极的宣传则是刊登"当地来信"。9月和10月出版的《绅士杂志》上都刊登了"当地来信"。9月份的

---

① 位于英国伦敦威斯敏斯特的政府官厅的通称。——译者注

第五章 圈地运动与移民——建立帝国的农民

杂志附上了切布托湾（Chebucto）地图，而10月份的杂志则附上了哈利法克斯殖民城市的地图。前者的文章题目是《1749年6月28日，去新斯科舍一个移民的来信（抄录）》。

"来信"的开头这样写道："6月28日，经过短短五六周舒服的乘船旅行便到达了这里，在航行中和到达后没听说有一个人死亡，甚至还有10到12个婴儿出生……另外，差不多还有同样数量的妇女即将生产。"看来他们经过的不是奴隶贸易的"中间航道"，因为不论契约劳工和囚徒的运输船还是自由民的船，为了节约船费会造成严重的情况，所以，在航行中会有相当多的人生病或死亡。因此，4月12日《绅士杂志》的报道提到"84次去新斯科舍的全体移民都被要求带上海尔博士发明的通风器"。信件的作者也提到他那次航海之所以没有人员死亡就是使用了这种"通风装置"并且还有米饭及新鲜食物。

"到了港口，首先映入眼帘的是配有20个炮口的斯芬克斯号。向人打听后才知道，原来是康沃利斯（Cornwallis）总督阁下乘坐的船前几天进了港。听说法军到了路易斯堡，所以英国将守备队从布雷顿角岛（Cape Breton Island）转移到了这里"。另外，还有两个团的守备部队及来自安纳波利斯的巡逻兵也到达了该地，新斯科舍也就变成了英法两军对抗的惨烈战场。

"切布托湾的港口是世界最佳海港,作为渔港远胜于其他港口,……(港内有两个岛:康沃利斯岛和乔治岛),都位于非常便于渔业发展的位置,其地形也便于晾晒和加工渔获……从河流(注入海港的桑威奇河)向北有一处不到一千米的狭窄入口,其前方有一个方圆约20千米的海湾,被命名为贝德福德湾。在这个海湾可以捕捞到大量的鲑鱼,其量之大真是前所未见。……在海湾的西侧,还有无数棵适合作桅杆的松树。"除了鲑鱼之外,还可以捕获到无数的鱼或鸟类,天气也是得天独厚。

最初因为知道建设城镇多有不便,所以,"决定在能够环顾整个半岛的山丘的斜坡上定居下来。……我们已经开垦了8万多平方米的土地,在各自的帐篷旁边建起了小屋。……防波堤也建了几处,仓库也盖起来了,播种了许多作物。木板和圆木很容易得到,家畜、朗姆酒也有许多。每天有20艘左右的帆船出入海港,从米纳斯的法国人定居点那里带来了200只海狸和200头羊。米纳斯位于距离贝德福德湾约484米的地方,法国人的代表团向我们保证派50人来修路,印第安人的酋长们也保证和我们友好并提供帮助。"

法国人和印第安人的"友好"似乎和大量守备队的存

第五章　圈地运动与移民——建立帝国的农民

在不太协调。不过，书信的作者并不在意。总之，"各方面都非常好"，这就是他想要的结论。

而且，极为有趣的是，刊登了这封书信的《绅士杂志》在书信的最后加上了如下注解，"23日的《老英格兰杂志》认定书信是白厅（即政府当局）的宣传，并希望这个新殖民地不要成为那些巴结权力的人的工具"。在当时的出版界，从别的杂志转载是极其平常的现象，然而，这个注释明显意味着《绅士杂志》在逃避责任。

尽管如此，该杂志在10月份以"8月15日，来自新斯科舍切布托湾的书信节选"为题再次做了与9月份有异曲同工味道的报道。

"历经波折之后，我落脚在这个新地点，这里是出乎意料的好地方。起初登陆这个海湾（这么好的海湾在全世界都不曾见过）的时候，两侧全被森林覆盖着，直到海岸线形成一个斜坡。……温暖的空气对健康十分有益。……所以，不免让我联想到意大利。土地是从未见过的非常好的耕地，森林采伐也没有想象的那么困难。"虽然鸟兽、鲑鱼、海虾、青花鱼等鱼类非常丰富，可是他还是很鲜明地将重点放在了说明当地是如何适合开展农业。

不过，这封信的作者比上一封信的作者慎重得多，不知道是否因为顾虑到上一封信的反响。例如，信中提到

"不过，眼下所有人都必须互相帮助来平整土地，所以不能出去捕鱼或打猎。……关于印第安人的人数有各种传言，也有不少有关他们干扰移民驻地的流言，可是，我一概不相信。……帐篷漏雨和浓雾等引起的不快还是经常有的，……因为这里的雨下得非常猛烈。……到了冬天不知会怎样，我为此有些担心。好像这里的冬天很冷而且漫长，所以，我要做好准备。……现在已经完全是夏末了，今年想要干些大事恐怕是来不及了。"

该文在临近末尾的时候也加上了这样的一段，也由此暴露了作者的身份。"这块殖民地对于英格兰非常有用，我很满意。对于最初提倡向该地移民并如此积极地推进相关工作的绅士们，对于他们如此卓越的行动应该给予永载史册的荣誉。他们给那些平时在国内原本过着碌碌无为的生活，最后悲惨地死去的人们带来了极大的幸福。"

将那些"平时在国内原本过着碌碌无为的生活，最后悲惨地死去的"退伍兵按照国家的利益加以利用，这就是宣传向新斯科舍殖民的本质。将那些原本容易沦为流浪汉、罪犯的退伍兵放在对抗法国势力和防守殖民地的最前线的政策赤裸裸地反映出了英国重商主义最明显的特点。

在奥地利王位继承战争结束时大肆开展的这类宣传，虽然形式有所改变，但一直延续到了七年战争的末期。

第五章 圈地运动与移民——建立帝国的农民

1763年1月《绅士杂志》在报道中推测到,"不久,包括陆海军士兵在内,造船匠及皇家海军造船厂的劳工都会被解雇,他们中的大多数人恐怕再难得到职业",因此主张将国内的荒地分配给这些人。建议中提出,荒地有伦敦东北郊的恩菲尔德的森林、汉普郡的新森林、不适合渔业的苏格兰西海岸的岛屿等,而且在这些迁移地可以经营铁匠铺、木工厂、烧砖厂等,但禁止开酒馆。

然而,到了3月份移民宣传又转而鼓动向加拿大移民了。其中有一篇题为"为退伍兵告公众书"的社论讲述了"无法回到原来职业的退伍兵们"的困境。其实,这些退伍兵中的大多人本来就是也没有接受过什么职业训练的"仆人",这一点我们在前文已经交代过。总之,这篇社论的作者最终还是建议他们去加拿大移民,也建议将因为前边的战争变成寡妇的妇女们也一起送到加拿大去。将成为潜在犯罪者的退伍兵和可能成为社会负担的战争寡妇一并"处理到殖民地去",这种主张也是当时英国统治阶级的思考方式。

> 定居人口共1400人左右……其中勤劳且活跃的,想要开发新定居地的人只是一小部分。士兵仅有1000人,有劳动愿望和能力的工匠、商人和船员

等顶多有2000人。其余则是整年不干活白吃饭的贫穷又懒惰的毫无价值的流浪汉，或者是一些想免费乘船去新英格兰的船夫……许多定居者连鞋子、袜子和衬衫都没有，必需品全由救济方提供。

这里描写的与先前书信中鸟语花香的景象截然不同。虽说这里存在当地负责人对本国政府很强的申辩意味，但是状况确实相当悲惨。然而，一个叫作约翰·威尔逊的人，在1751年写了一本《真实的记述》，更赤裸地描述了当地的景象。

定居的第一个冬天，就有许多可怜的人被冻死。原因就是他们没有房屋，要想有房屋只能自己建。对于习惯了纽卡斯尔和伦敦的暖炉的人来说，只看到帐篷四周飘落的雪花，铁石心肠也会结冰……

面包很贵，移民们通常买来活的家畜或家禽在自己家里宰杀。

附录：贸易与殖民地委员会的提案（《伦敦报》1748/9年3月11日—14日刊载于白厅，1748/9年

第五章 圈地运动与移民——建立帝国的农民

3月7日)

向国王陛下提出如下建议书。即,既然已经在北美新斯科舍建立了市民政府,我们的宗旨就应该是赐予国王陛下的近代陆海军退伍兵以土地,此外,采取若干对殖民地的奖励措施,振兴并改良殖民地的渔业。国王陛下已然同意并签署该建议书,由此,贸易与殖民地委员会奉国王陛下之命发布以下通告。即,对近年退伍的陆海军兵将,不论是否有家庭,只要其愿意接受新斯科舍土地并定居的人采取相应的奖励措施。

基于不限嗣继承地产权[①]赐予陆海军士兵人均约20万平方米的土地,并免除十年地租及其他租税。待期满之后,对被赐予的50英亩土地每年征收不得超过1先令的租税。

此外,除了被赐予的约20万平方米的土地之外,有家庭的陆海军各类士兵,还被赐予包括妻子和儿童在内的家人每人约4万平方米的土地。并随其家庭人口的增加、耕作能力的提高,按照同样的条件

---

① 即 fee simple,英国的一种地产法。可由各系血亲继承的地产,不单是直系卑亲属可以继承,只要有亲属关系,按照相关继承人的排位序列,给予继承。继承者可以转让所继承的地产。——译者注

赐予其同样的土地。

按照同样的条件赐予陆海军下级军官每人约32万平方米的土地。此外，赐予其家人每人15英亩土地。

按照同样的条件赐予陆军少尉超过80万平方米，中尉超过120平方米，大尉超过160万平方米，高于该级别的人超过240万平方米的土地。按照完全相同的条件赐予海军少尉与中尉超过240万平方米的，大尉超过240万平方米的土地……

移民一旦入住殖民地则尽快分给土地，并建立市民政府。移民在该政府的管理下同样可以享受国王陛下的臣民在其他美洲殖民地享受到的自由、权利。为了他们的安全采取相应措施对其提供保护。

包括其家人在内，为响应上述号召的人供给航行中和到达后12个月的口粮。

另外，只要断定移民有防卫的需要就为其提供武器和弹药，也为其提供开垦和耕种土地所需的农具，提供一定量的工具供移民进行修建房屋、开展渔业等与生活需求有关的活动。

想要应征该移民计划的人可以到下列某个官员那里以书面或口头形式在经办方准备好的账簿上逐一填写本人的姓名和曾经所属的部队名称或最后服

第五章 圈地运动与移民——建立帝国的农民

役的舰船名,如果有家属则需加上家属的名字、职业、年龄等。如:

约翰·包威尔,律师,贸易与殖民地委员会报告书制作书记官,办公地点在白厅。

约翰·拉塞尔,朴茨茅斯海军事务官。

飞利浦·班布尔,普利茅斯海军事务官。

……

该账簿一旦计满预定人数,便被命令封存。即使不封存,应征将在4月7日截止。应征者从10日开始登船,20日出发……

出于维护该殖民地利益的考虑,即使没当过兵的人也可按照与士兵同等待遇应征。即,造船匠、铁匠、石匠、细木工、制砖工、搬砖工,还有其他如从事农业和建筑业的所有工匠。

另外,不论是否有过从军经历,只要能提供可信的身份证明,所有外科医生的待遇均按少尉级别执行。

以上内容,根据贸易与殖民地委员会指示记录。

书记官 托马斯·希尔

二、漂洋过海的约克郡农民

> 1774年3月15日,属于维特布伊(Witbooi)港的"两个朋友号(Two Friends)"(船长詹姆斯·瓦特)从约克郡的赫尔(Hull)出发到达了斯特罗姆内斯(Stromness),来自约克郡的99人登上了前往新斯科舍的航船。该船于20日出港,但是,该地区却没有新移民加入其中,只有船长按常规接收了两名少年学徒。当地似乎没有人表示想要离开这里到美洲去。
>
> 苏格兰力柯克沃尔港海关官吏A. 罗斯及J. 利多克
通过爱丁堡海关给伦敦的报告

在上一节中,我们了解了响应英国政府向新斯科舍移民大宣传的都是一些什么样的人,在序言中也谈到了18世纪以前,英国对出入境移民的控制以及为此目的进行的两次出境调查。这两份文件非常有用,因为其中包括海关官员对"出境原因"的调查。特别是1770年代的调查,是全面分析美洲移民动机的最好依据。翻开史料,首先映

第五章 圈地运动与移民——建立帝国的农民

入眼帘的是从约克郡去新斯科舍的一个庞大的农民群体。可以确认的有前文提到的1774年3月乘坐"两个朋友号"从赫尔港出发的101人,还有乘坐"奥尔滨号(Albion)"也是在3月从赫尔港出发的66人,1775年4月乘坐"玛丽号(Mary)"从斯托克顿出发到新斯科舍中心地区哈利法克斯的26人,以及1775年4月乘坐"珍妮号(Jenny)"移民到坎伯兰的80人。

这些人中包括出生1个月的婴儿和74岁的老人,几乎都是全家出动,与同一份史料中的契约劳工移民形成了鲜明的对比。那么,他们究竟出于什么目的产生了远渡重洋的想法呢?从海关官吏调查的"出国目的"中可以明显看出绝大多数人是"想要过上稍好一点的生活(to seek a better livelihood)",或者是"想找一个稍好一点的干活的出路(to seek for better employment)"。可是,他们心中"稍好一点的生活或出路"具体是什么样的呢?作为他们参照基准的生活现状究竟如何?

首先,来自斯卡伯勒(Scarborough)的罗伯特·杰克逊一家五口人移民到了罗伯特·杰克逊(Robert Jackson),这家的主人是一个铁匠,并非纯粹的农民,所以他将移民的动机说成了"因为粮价涨得太高养不起家人",同船的裁缝罗伯特·麦纳多的理由也是一样,还有的人因为"所有食物和生活必需品价格都涨得过高"。这一组移民中工匠本就不多，讲述的理由基本差不多，但也有人是因为"英格兰的食物价格太高，所以为了求职"才决定去美洲。那么，食物价格为什么会上涨？食物价格高涨与怎样的社会变化有关？

"两个朋友号"上的农民安尼斯泰德·菲尔丁的证言给我们提供了线索。"食物、地租和所有的生活必需品的价格都涨了价"，也就是说，食物价格是随着地租一起上涨的。也有人说是"因为地主提高了地租，导致所有的生活必需品都在涨价"。事实上，绝大多数农民的移民理由都集中于地租上涨方面。从斯卡伯勒上船的49岁的农民罗伯特·威尔逊一家九口人就是"因为地租上涨太多，所以被迫离开（故乡）"。另一位农民则是因为"农场的地租过重，活不下去"。最先登上"两个朋友号"的29岁的农民约翰·史密斯下定决心带着小他四岁的妻子和三个孩子去移民的动机也是"地租太高，活不了"。此外，许多农民都是因为"地租过重，生活无法维系"才选择移民。这样说来，农民们认为远渡重洋去到美洲或许能够过上"稍好一点的生活"的理由无疑是因为家乡地租的高涨。

然而，彼时英国的地租为什么会高企？原本18世纪前半叶英国的谷物产量极大，是一个谷物出口大国。随着

第五章　圈地运动与移民——建立帝国的农民

工业革命的推进，英国进入人口激增期，这时的英国由粮食出口国迅速转变成了粮食进口国，于是谷物价格上涨形成全国态势。不过，当时还不能说是由于谷物价格上涨直接成为压迫农民生活的原因，因为那些决心去新斯科舍移民的人们还有其他更特别的理由。据乘坐"两个朋友号"的 29 岁的农民理查德·鲍泽讲，他选择移民的最主要原因是"地主威廉·维德尔那帮家伙哄抬了地租"。同船的多个人都提到过这个维德尔老爷的名字，共计有七个家庭是因为无法忍受被抬高的地租才决心移民的。

同时，提到地主名字的情况相当多。其中"两个朋友号"上有十个家庭提到了地主约翰·马修。当然，这种情况在别的移民船上也一样。"奥尔滨"号上一家九口人移民的农民兰斯洛特·查普曼就讲过"因为拉特兰公爵抬高了地租，我们无法生活"。另外有人说"布鲁斯勋爵抬高了地租"的，也有人说"达克恩老爷涨了地租"的。被提到的地主还有"巴尔玛""诺斯里"等，不胜枚举。也有像 29 岁的农民理查德·杜邦那样的，虽然没有提及地主的名字，但是也明确地说"被地主害得很苦"。

可是，那些地主为什么要抬高地租呢？1774 年，来自斯卡伯勒的马修·沃克给这个问题提供了答案，即"在他们教区，小农场被合并成一个相当大的大农场，导致人们连买面包的钱都挣不够"。由此,事情就明朗了,在一连串现象的背后是该时期迅速发展的"圈地"和随着"圈地"形成的农田合并。一言蔽之,那些被农民指名道姓的地主们就是"圈地"的旗手。下表是议会制定的承认圈地的私用法案的立法数量,从中可知,1760年代到1770年代初便是该地区圈地运动的高峰期。

表5-1 有关承认约克郡东雷丁圈地私用法案的立法数量

时期	件数	年平均
1720年—1729年	1	0.1
1730年—1739年	0	0.0
1740年—1749年	5	0.5
1750年—1759年	7	0.7
1760年—1769年	41	4.1
1770年—1773年	20	5.0
1774年—1779年	15	2.5

Acts of Parliament and Proclamati-ons relating to the East Riding of Yorkure and Kingstone Upon Hull 1529-1800,ed.by K.A.Mac Mahon, 1961.

那么,农民们移民到新斯科舍,他们期待的是什么呢?一家七口人的农民托马斯·思科是因为"地主弗兰西

第五章 圈地运动与移民——建立帝国的农民

斯·史密斯提高了地租,所以我要到海外去买地"。另一位农民移民乔治·亨特期待"可以买到土地",不少人都因为"地租过高,所以到海外去买地"。乘坐"奥尔滨号"从赫尔港出发的52岁农民纳萨尼埃尔·史密斯的移民理由也是因为"地主查普曼提高了地租,所以要去北美买一些土地"。

当然,有的人不是农民,去美洲移民只是"想找一份更好的工作",而占移民人数绝大部分的农民则无一例外都渴望得到土地。对于因为圈地运动而背井离乡的农民来说,他们当然也可以进城当劳工。但是,这些农民为了继续务农,哪怕是跨过大西洋也义无反顾。

其中也有不少人是因为已经买了土地才决定启程的。例如,42岁的威廉·罗宾逊就是"已经买了土地,所以和家人一起移民"。罗宾逊带着一家六口人和两个仆人,于1775年乘坐"珍妮号"从赫尔港出发,两个仆人都是不到25岁的青年,就是所谓的"农仆"。仅"珍妮号"上就有五个家庭40余人和罗宾逊一样是"因为买了土地,想要住在那里"才举家移民的。在"珍妮号"上,大多数人都带着仆人同行,甚至有人带着木桶匠。

然而,到了北美之后,他们的愿望能轻易得到满足吗?总的来说,相较那些穷困潦倒、自暴自弃的退伍兵,

189

约克郡的农民们的做法显然更为谨慎。少数家庭是丈夫先到美洲去，待找到生活出路之后再把妻子儿女带过去。多数则是全家一起前往美洲实地查看，若觉得不满意便返回英国。前者的例子有带着9岁和2岁孩子的玛丽·帕克，她因为"丈夫在当地有农场，我要到他身边去"，而同为"珍妮号"乘客，带着两个女儿的47岁农民约翰·罗宾逊的想法则是"如果买不到土地就回国"。1774年从斯卡伯勒来的40岁农民威廉·杰拉德却很坚决，"到那里看看，如果满意就住下"。这些移民就是那套"圈地"的资本理论"推动"出来的牺牲品。

也有一些有趣的史料，借此可以推断当时到达新斯科舍的人们在当地的生活状况。根据1852年7月的调查，包括德国人和瑞士人在内的新斯科舍的人口顶多有4249人。所以，1770年代的约克郡移民，以及美国独立战争以后从新英格兰流亡来的保皇派移民，该殖民地的人口史上具有决定性的意义。在此，我想列举的史料之一是从伦敦寄给殖民地当局的信件，该史料直接反映出了起初不得不进行出国人员调查的英国政府的立场。该信件的内容是这样的："来自英国的移民使得新斯科舍殖民地的居民数量得以增加，从该殖民地地区的角度来看确实是一件好事，然而，从大不列颠的得失与安全来看则是非常严重的

第五章 圈地运动与移民——建立帝国的农民

问题,也是务必采取对策加以去除的危害。……因此,不论是来自英国还是爱尔兰的人,希望你们随时告知我方进入该殖民地的人数。"

然而,这些被英国方面视为"损失"的移民们在当地是被怎样看待的呢?从来自哈利法克斯当局者的信件中可以窥见约克郡移民的情况:"来自约克郡的移民家庭中有人发自内心地希望回国,我们认为他们的回归也有利于防止我国的人口损失,于是满足了他们的愿望,允许他们回到英格兰或爱尔兰。我们认为最好的管理办法是应该在其中追加这一项措施。"

总之,从这些数据来看,起码约克郡的农民们并不是受到了《绅士杂志》中充满甜言蜜语的宣传的欺骗,而是经过深思熟虑后才变卖家产举家渡海的。他们不是苦于急剧上升的地租才移民的,其最大的愿望只是想继续从事农业生产。对于无法继续维持业已习惯的生活方式的农民来说,他们并非不可以到城市里去生活,只是他们在内心里还是想要继续从事农业,所以,只要还有能够变现的家产或家具物品,他们不惜将之变卖后移民到海外。

大英帝国既不是只靠华贵的绅士阶层的探险者和殖民者建立的,也不是靠追求扩大贸易利益的商人建立的,更不是靠寻求产品市场的工业资本家建立的,而是那些穷困潦倒自愿做契约劳工的人，甚至是那些以继续务农为最大愿望的农民在帝国建立的过程中发挥了至关重要的作用。

至此，可以明确的是，对于那些约克郡的农民移民来说，较之前文所说的"吸引力"的因素，圈地运动的"推动力"因素发挥的作用要大得多。与此同时，暂且不管将圈地的牺牲者说成是不得已流落到城市做挣工钱的劳工的教科书式的解释是否妥当，但是可以说 18 世纪英国的农民既有想要继续务农的强烈愿望，彼时的英国社会也存在使他们实现愿望的条件。另外，当时移民的主体是对土地有强烈渴望的农民，而 19 世纪以后的移民则是以作为城市化的"市民"的人为主体的，这两个时期从英国到世界各地的移民在性质上存在着巨大差异。

三、"清洗人民"——被抛弃的苏格兰农民

> 我（苏格兰）谢德兰群岛海关依据以往的指示，对乘坐赴美移民船的多数移民进行了询问，已经查明多数人离开英国去美洲的真正理由，现将询问结果随信寄上。

第五章　圈地运动与移民——建立帝国的农民

上述为伦敦的国家公文馆收藏的1770年代的"出国者调查"史料（手稿）的第四卷中的记录，在该卷中详细记录着来自苏格兰各个海关的出国者报告。从该史料的记录中可以看出，在那些来自苏格兰的移民中，不论是契约劳工还是前文提到的像约克郡那样的自由移民都与来自英格兰的移民存在着些许反差。

第一个反差是在各类移民中（包括契约劳工移民），"举家移民"或"全村移民"的占绝对多数，有的甚至是除妻子之外还带着老人和多名孩子的。可是，在英格兰的移民中几乎没有举家移民的契约劳工。例如，于1774年，由柯克沃尔港出发去美洲萨凡纳（Savannah）的"马尔伯勒号"船上，所有乘船者都是契约劳工移民，而且差不多都是"举家移民"的。其中，40岁的斯芬思夫妇带着三个不到10岁的孩子，夫妇俩同样都是40岁的农民托马斯·加斯里则带着从18岁到出生才两个月的共计七个孩子。"马尔伯勒号"在第二年再次从柯克沃尔港出发去萨凡纳时，船上的乘客全是契约劳工，其中有42岁的木匠阿列克斯·加尔达，他带着小他10岁的妻子和六个孩子，其余还有若干对夫妻。

另外，有趣的是关于苏格兰契约劳工的记录中写明了他们的出国理由，而关于英格兰的契约劳工则只记录了

193

"契约劳工"，至于他们如何下定决心以契约劳工的方式移民的动机却只字未提，反观苏格兰移民的记录则几乎完整记述了下来。从记录中了解到，斯芬思夫妇一家和加斯里夫妇一家的移民动机是"土地歉收和地租高涨，全家生活无法维持"，而同船前往的 32 岁农民 C. 亚当斯的动机是"土地歉收和家畜死于传染病"，加尔达一家的理由也是因为"在国内做工已经吃不上饭"。他们的动机与同船去美洲做契约劳工的 30 个年轻人（几乎都是 17 岁到 21 岁）的动机迥然不同。那些年轻的契约劳工多半是农仆，其他还有织布工、木匠、鞋匠等，他们的理由绝大多数是"碰碰运气"。20 岁的农仆詹姆斯·辛克莱就说道，"干活很辛苦，但是工钱却很低"，他的想法和其他人几乎是一样的。另外，引人注意的是 15 岁的男仆和 21 岁的女仆，前者是因为"受父母的虐待"，后者是因为"受主人的虐待"。有的船上也有看似"举家移民"的人家，但他就在即将离开英国的时却产生了动摇。例如，1775 年 5 月从卡森港出发的"可爱的内莉号"上有 15 个家庭和 4 个单身共 66 人，其中有一个叫作托马斯·特兰贝尔的人带着一家五口人在曼岛的道格拉斯·埃尔曼上的船，他们属于"本地的逃亡者"，还有一个叫作罗伯特·道格拉斯的及另一个人是"怀特黑文（whitehaven）逃出来

第五章 圈地运动与移民——建立帝国的农民

的"。毫无疑问,既然使用"逃亡"一词,就说明他们不是自由移民。

契约劳工的出身绝大多数是"仆人",换言之,即"必须经历仆人生活的仆人"(其中多半是农仆),这也是我这本书前半部分关于英格兰移民研究的结论之一。不过,前文已经指出,既然是与1770年代的"出国者调查"而言,"仆人"这一职业在英格兰并不常见,但女佣除外。相反,在提及苏格兰的部分,却很容易得知在契约劳工移民中,农仆人数的比较是压倒性。例如,1775年5月9日,载着100名移民从莱思港去菲拉德尔菲亚(Philadelphia)的"友情号"上,有60人是十多岁的孩子,还有60人被确认为仆人。前一年的1774年5月2日,有106人以"在国内连面包都吃不上,所以去海外谋生"为理由从斯托诺韦港出发,其中的75人也被认为是仆人(此外有几个人从"身份"上来看是"佃农",不过可以确认其"职业"就是仆人)。从年龄来看,15岁左右是一个明显的高峰。

反观自由移民的苏格兰人,可以看出如下特征。首先,他们的职业种类少,该情况则反映出了苏格兰社会的落后状态。尤其是极少表述女性的职业,多为"无业"或"纺线女",无疑"无业"或"纺线女"就意味着她们多是单身女子。在关于苏格兰的记录中，孩子的职业则是用他们父母的职业来表示。事实上，在那些举家移民的人中经常可以看到有 10 岁或 11 岁的"织布工"。

在苏格兰的"出国者调查"中，有关自由移民的记载中，至少有两处数据极为详细地表述了移民的动机。一处是有关 1775 年 9 月搭乘 136 名苏格兰人去北卡罗来纳的"朱庇特号"的询问记录，比这个更重要的是本节开头曾提到的不幸前往谢德兰群岛的移民的记录。这些人于 1774 年 5 月准备从苏格兰凯斯内斯（Caithness）、萨瑟兰（Sutherland）两个郡移民到北卡罗来纳，但在途中，船只不幸被大风吹到谢德兰群岛。这些人对询问者详细讲述了移民的动机，这为我们了解该时期的移民推动因素对苏格兰裔自由移民的影响提供了不可多得的好线索。

首先，两名海关官吏描述了"朱庇特号"上移民的动机。

以下记录是移民讲述的自身理由。即，农民和劳工异口同声地说，但凡能养家糊口，他们是不愿意离开祖国的。可是，国内地租高涨，他们失去了畜牧的场所，不得已才背井离乡。特别是来自山地的人们，他们说以往由佃农占有通过养牛和种植来

第五章 圈地运动与移民——建立帝国的农民

挣地租的100码①土地，如今其中的33码被改成了（地主）放羊的牧场，不出几年，这里三分之二的土地都将变为牧场，所以我们不得不离开英国。

再者，农业劳动者（农工）的理由是收入过低无法养活家人……

（曾任弗雷泽团的大校）阿兰·司徒雷登船长打算在上一场战争结束时移民到政府赐予的土地，但是，如果美洲的战争继续打下去的话，他便打算加入盖奇②将军的部队。

另外，工商业者们期待到了美洲可以得到报酬，可是，他们的理由更像是跟随亲戚一同前往。

1775年9月4日

征税官 迪恩卡恩·坎贝尔

经办官 奈尔·坎贝尔

军人、工匠和小商贩移民的动机明显与农民或农仆不同，但是他们也不构成移民群体的核心。因此，这部分苏

---

① 这里的"码"是指具有支付代缴兵役费义务的永久租地的土地单位。——译者注

② 托马斯·盖奇（Thomas Gage，1721—1787），英国将军和殖民地行政官员。——译者注

格兰人离开英国的理由也与前文提及的约克郡农民大致相同。

另一方面,即便在谢德兰海关的报告中,50岁、60岁年龄段的人所占比例较小,举家移民的农民占绝大多数,却没有单身的底层民众。他们的讲述非常详细,所以很容易推测出他们的家乡发生了什么。为了理解他们的要求,有必要学习一些苏格兰的农业及土地政策的背景知识,不过我们暂且先探讨几个典型的移民案例。

约翰·卡塔诺克(50岁、已婚、子女4人)的讲述。

从凯斯内斯郡来伊教区神职人员阿列克山大·尼克尔松的领地去北卡罗来纳的威尔明顿(Wilmington)。原因是庄稼歉收,面包太贵,地租从2英镑涨到了5英镑。他的牧场和共用地被收回,并租给了新租户。可是牧场是他养牛的唯一场地,一旦被收回便导致他的整个农场都失去了意义。因为没有了牧草牛被饿死,加之被无端地要求"给中间人(tacksman)上贡",因此,仅靠农田实在活不下去。地主不仅提高了地租,而且还专横地要求他委屈地为其服务。例如,让他"挖掘自己的土地,

第五章　圈地运动与移民——建立帝国的农民

直到挖出泥炭，然后装上马车运走再堆积起来。割干草堆成草垛，收割庄稼并运到院子里"。为此，他需要派一些佣人和马匹每年为地主干30到40天的活儿，可是，地主却连一句感谢的话都不说，而且除了给割干草的几个人提供午饭之外，干其他活计的人都不给饭吃。

于是听了先前去美洲的朋友的劝告动了移民的念头。听说在美洲食物丰富又便宜，干活儿的工钱高，只要勤劳节俭，想改善生活是大有希望的。可是在英国，因为生产威士忌导致面包价格大涨，而牛的价格却降了一半，加之地租上涨，所以小农场就只有破产的份儿了。

这段讲述几乎集中代表了其他大多数农民的移民心理，在这个意义上来讲，约翰·卡塔诺克是一个典型。抛开苏格兰的"中间人"剥削这一固有问题不谈，关键就是圈地导致了畜牧衰退，地主敲骨吸髓般的剥削，特别是劳役负担沉重，加之土地歉收和当时威士忌酒制造业的发展需求导致的谷物价格高升的因素，成了推动这些农民构成苏格兰高地地区移民核心的全部原因。萨瑟兰郡法尔教区的农民约翰·迪恩卡恩的情况也说明了同样情况。

约翰·迪恩卡恩（27岁，农民，已婚，子女2人）的讲述。

连年天灾，面包价格高升，牛价的降低等因素成为促使他下决心移民的动机（一头牛只能换1布尔①谷物）。萨瑟兰人一直是从凯斯内斯郡买谷物的，可是因为把谷物卖给威士忌酒厂作原料的价钱更高，所以凯斯内斯郡的农民就不卖给我们粮食了。

同样住在萨瑟兰郡吉尔德南教区的农民修·马赛松稍微详细地讲述了变化，"从数年前物价开始上涨了，地租从2英镑6先令涨到5英镑10先令。然而，牛的价格却大幅下降了，而面包仍然很贵。因此，也经营买卖牛的地产中间人曾说'一头牛的价钱不超过1布尔'。……尽管如此，因为草场不能出产粮食，所以佃农只能按照对方的出价把牛卖掉"。"一头牛的价钱不超过1布尔"这种说法在当时很流行，此外也有很多讲述者讲过同样的话。例如，75岁高龄仍试图移民的农民赫克托·麦克唐纳除了劳动

---

① 布尔（boll）是容积单位，由于地区或计量的谷物种类不同，有的相当于2蒲式耳有的相当于6蒲式耳，因此暂且这样翻译，不过，在苏格兰相当于6蒲式耳。——译者注

第五章 圈地运动与移民——建立帝国的农民

的强化、威士忌酒产业的威胁之外,还提到了家畜死亡这个重要的理由,他叹息道,"以前一头值 50 先令(2 英镑 10 先令)到 3 英镑的牛勉强能换 1 布尔粮食"。几乎所有的讲述者都说,由于威士忌酒酿造产业的兴盛,导致谷物价格急升,而那些失去放牧场的人们竞相放弃了养牛,于是不断杀价,致使牛的价格一落千丈。也就是说,苏格兰工业革命的发展破坏了这些农民的传统生活。另外,虽然没能得到有关高地的详细数据,但是,从 1760 年开始在低地的东罗桑,小麦、大麦、燕麦都纷纷涨价,特别是从 1771 年到 1774 年价格更加高企。例如,在 1701 年到 1705 年的 5 年时间里,平均 10 先令多的二等小麦到了 1760 年则涨到了 12 先令或 18 先令,在 1771 年到 1774 年这段时间里经常超过 20 先令。

不过,讲述者中也有与其他人感受略微不同的人,因此他们的口气也与其他人不一样。例如,来自萨瑟兰郡的 30 岁的农民威廉·马凯,他有妻子和三个孩子,另一个孩子在离开家乡之后死去了。他移民的主要原因不是地租上涨,而是因为将土地"典当"出去了。凯斯内斯郡莱伊教区的 40 岁农民威廉·萨瑟兰则是除地租上涨之外,还因为劳役负担沉重、被胡乱收取捐税或"牧草税",同时,导致地租高涨的原因还因为"战争结束之后,带着小笔金钱返乡的退伍兵"加入了竞争行列。这种情况反映出了为帝国扩张进行的重商主义战争的战后处理方式，给人们的生活造成了严重的影响。

如此一来，穷困的小农便不惜降低社会身份也要移民。提到移民，他们通常是期待提高社会地位的，因此事实证明"推动"移民的因素是何等强大有力。携妻带女的60岁农民埃涅亚斯·马库洛德到北卡罗来纳就是怀着做"每天打零工的农工"的决心去的。他"听说在美洲干一天的活儿就能吃上一个星期的饭"，所以当农工也不觉得苦。因为几年前牛的价格是上涨的，地租一年之内从28英镑上涨到38英镑，可是后来牛价降到了一半，地主还一味强制他干活儿，所以他在苏格兰生活不下去了。

这样看来，苏格兰的情况与上一节中提及的约克郡移民情况完全相同，因为苏格兰特别是高地地区有其特有的农业即土地制度，因此导致土地问题变得更加严重了。1761年以前来自苏格兰的移民还只是单独的契约劳工，人数较少，几乎都是低地地区的人。然而，后来便出现大规模具有组织的移民情况，并且呈现出苏格兰境内与其高地农业革命相关联的趋势，这就是将这场移民运动称为"清洗人民"的原因。在低地地区，农业革命本身始于17世纪末，被赶出土地的农民一部分流向了英国工业革命中

第五章　圈地运动与移民——建立帝国的农民

心之一的格拉斯哥和爱丁堡等城市，成为前文提及的被称作劳工的人，另一部分则迁移到了以阿尔斯特为主的爱尔兰。然而，不管是流向哪里的农民，随着此后经济发展的变化，据说许多人最终再次迁徙到了美洲。

可是，1763 年以后苏格兰高地地区农业革命的发展使情况为之一变。据 J.M. 班斯泰德的分析（情况不难确认），就连上述"出国者调查"中 1774 年至 1775 年的记录都能看出低地地区的移民和高地地区的移民之间有着明显的不同。低地地区的移民多为年轻的工匠，80% 以上的人都有农业以外的职业，且 80% 以下的人是单身，这些人的平均年龄为 24.8 岁，他们移民的理由是贫困、粮食不足等，而高地地区的移民中，三分之二的人都有家室，并且全部是农民，平均年龄 32.4 岁，他们移民的理由绝大多数是"地租过高"。因此，整体来看，以高地人民为主体的 1763 年以后的移民构成呈现出中产阶级不断增加和有组织化的倾向。这种现象的背后存在着苏格兰农业史的什么信息呢？

在苏格兰高地地区，原本有数十个被称为"领主（Laird）"的大地主，他们是一族之长，也在当地是有影响力的人物，而这些身为族长的领主就是做军队代理人的"中间人"。不过，在 18 世纪，他们已经失去了为军队做事的意义，从而他们的地位一落千丈，仅做一些剥削差价的中间商"生意"，有时自己也沦为被买卖的对象。在法律上，领主的权限相当大，租地权却很弱，而且每年都需要变更租地契约。不过，领主在家族范围内也一直维持着相当高的家长地位。例如，英格兰当地有一个习惯，即领主要照顾被驱赶到战场上去的士兵的家属。据说，这就是苏格兰在提供雇佣兵兵源方面的重要性。这种家长式的人物在旧时的"中间人"现象中也能看到。

另外，当时已经出现了不是将钱贷给领主，而是通过担保获得收益的担保人，而且，据说"中间人"作担保人的情况在当地也十分普遍，因此可以说18世纪的"中间人"本身就是一种形式上的担保人。可是，到了18世纪后半期出现了利息下降，这样，导致了担保人的地位显著下降，反而对地主更加有利了。地主通过重新测量土地（使提高地租成为可能）推行增收政策、租地契约长期化（使改善投资成为可能）和圈地（废止传统的混耕地"小块土地"）等方法压迫担保人，而担保人为了应对领主的压迫便加强了剥削，结果导致普通农民遭受到更严酷的压迫。

这里所说的农民存在着更明确的阶级区分，即分为佃农和比佃农地位还要低下的"长短工"。这种佃农的阶层有时分为许多层，在赫布里底斯岛那样的偏远地区，据说

第五章 圈地运动与移民——建立帝国的农民

最下层的农民近似奴隶。用英格兰的语言表述文化传统不同的苏格兰的社会关系当然很难表达。简单来讲，长短工实际上没有土地的权利，所以，仅相当于农工或农仆。

下面举几个具体的例子。下决心一家十口人移民的 60 岁老年农民威廉·戈登讲道，"我们居住的土地经常换主人，每换一次就交一次地租。被贝里买下之后，他把土地全部租给了中间人，中间人又把地租加了价"。40 岁的裁缝兼农民乔治·马凯也讲道，"萨瑟兰郡（自己住的地方）地区被威廉·戈登用借贷契约的方式承包了土地权，结果这个戈登就提高了地租"。而且戈登还要求农民每年为他干 12 天的活儿。75 岁的麦克唐纳说代办人也就是转租人"一片面包都不给，却逼着农民每年为他干 40 天的活儿"。

然而，根本原因当然不在"中间人"，因为他们的处境也相当苦，"中间人"率先移民的例子就可以举出许多。有的记录显示移民的理由是发生了霜灾和牲畜传染病等灾害，但主要原因还是来自人类社会，其中最大的责任可以说是在于地主一方。对于"清洗人民"和"清洗土地"造成的人口大流动，历史上曾有多种争论。也有的观点认为，从地主的角度看，失去劳动力对他们的利益是不会有好处的。可是，只要谈论 1770 年代的移民就很难避免酿酒业和农业革命的发展这一话题。因此，即便"驱逐人民"不是一项有意识开展的计划，那么，毫无疑问由地主主导的苏格兰农业革命也是造成大规模移民的根本原因。

到了19世纪，暂且抛开"土豆饥荒"①以后的爱尔兰不谈，来自苏格兰、威尔士的移民就出现了猛增的情况，以致凯尔特边境成了从英国去美洲移民的核心地带。不过，在18世纪，苏格兰的移民情况具有重要的意义，原因就在于上述分析中已经基本弄清楚的事实。18世纪，来自威尔士的移民人数极少，但几乎都是因为宗教原因。然而，到了18世纪末，以伦敦的知识分子社会为中心，有关北威尔士王子玛杜克（本书第一章中曾提及该王子比哥伦布早几个世纪到达了美洲）的传说伴随着浪漫主义和威尔士民族主义的崛起再次被提起，甚至要派遣探险队到美洲印第安人中去寻找玛杜克的后人，由此，威尔士人对美洲的兴趣陡然升高了。早在伊丽莎白时期的知识分子、威尔士

---

① 也称"爱尔兰大饥荒"(failure of the potato crop)，是一场发生于1845年至1850年间的饥荒。在这5年的时间里，英国统治下的爱尔兰人口锐减了将近四分之一；这个数目除了饿死者、病死者之外，也包括约100万因饥荒而移居海外的爱尔兰人。——译者注

第五章　圈地运动与移民——建立帝国的农民

的约翰·迪[①]以后,英国否定了《托尔德西里亚斯条约》[②],并向西班牙提出对新世界的所有权时就常常用"玛杜克传说"来说事,至此,该传说也成为诱使威尔士人自发移民的原因。

尽管如此,18世纪的凯尔特移民给家乡带来了什么影响呢?这里有一个书信形式的手册,书信是寄给苏格兰新拉纳克郡(New Lanark)地主的。这个1771年出现的匿名手册的篇幅很长,其中表达了对那些年外出移民人数异常增加的担忧,并试图弄清楚原因所在。从本章的话题角度来看,这份手册很有意义。下面,笔者将介绍该手册的主题,进而再次确认曾经探讨过的苏格兰移民的各种情况。

据手册的作者讲,如今离开该国的人并非以往所说的社会渣滓或者因职业原因临时出国的商人或律师。"老实而且勤劳的农民"也开始组团大量地向美洲迁徙了。"不

---

① 约翰·迪(John Dee,1527—1608),伊丽莎白一世的代理人。——译者注

② 《托尔德西里亚斯条约》(或称《托德西拉斯条约》。西班牙语:Tratado de Tordesillas,葡萄牙语:Tratado de Tordesilhas)是地理大发现时代早期,两大航海强国西班牙帝国和葡萄牙帝国在教皇亚历山大六世的调解下,于1494年6月7日在西班牙卡斯蒂利亚的小镇托尔德西利亚斯签订的一份旨在瓜分新世界的协议。——译者注

是因为失业而穷困潦倒的人或充满野心的人零散地出走",而是以占有北美土地并进行耕种为目的的农民在移民。所以,他们不是去打工,而是彻底打算一去不回了。这一点反映出那些年的移民现象呈现出与以往不同的全新局面。对于苏格兰来说,情况是相当危急的。移民现象是在"苏格兰五分之一的土地未被开发,国土的二分之一仍然处于原始状态"的情况下发生的。

这样的话,原因何在呢?在光荣革命以后宗教宽容已经得到了完全的保证,因此,宗教迫害不能成为理由。有人说是因为人口过剩,当时的确出现了城市人口增加的迹象,可是,农村人口减少也是不争的事实,但总体上并不存在人口过剩的问题。于是也有人说近年来的大量移民的"真正的、根本的原因"在于苏格兰仍然实行的是封建制度。这些人所说的"封建制度"就是"以牺牲多数人的利益维护少数人利益的制度",换言之,就是财富(土地)集中在少数领主手中,而广大民众仍处于穷困的状态中。在这个残留着以氏族制度为代表的"旧的(ancien)封建制度"的国家,农民"和土地一起被出卖,形同奴隶",民众更没有参与政治的可能。反观英格兰,如果拥有年收入40先令的土地就有参政权,而苏格兰则必须要有400先令才可以。

第五章　圈地运动与移民——建立帝国的农民

如此一来，不用说英格兰，就连与美洲殖民地相比，苏格兰残留的"封建"制度体系都是很顽固的，加之还有严酷的"时代的风气（manners of the age）"，致使容忍"异常抬高地租（unmeasurble screwing of rent）"，这就是导致大量移民的根本原因。据手册的作者讲，"法官、律师、商人及其他人"都彻底染上了这种"风气"。而且，由于连续八年甚至十年的灾荒和酿酒业的发展导致谷物价格暴涨，这就形成了地租高涨的另外一个背景，而决定性因素则是圈地、土地交换、分割与合并。当谷物价格下降时，在谷物价格高时以高地租签契约的佃农就只能去流浪了。而且，谷物价格高对于从事农业以外职业的人以及即使从事农业却需要购买谷物的打零工的农民来说是致命的打击。

即便如此，因为曾经互相信赖，所以地主"也不会轻易地将租地的农民赶走"，可如今，地主的态度发生了180度的转变，"农民很冷淡地说要离开苏格兰，这让人非常吃惊"。换言之，随着地主态度的变化农民的"风气（manners）"也发生了变化，这种风气与曾被赶出苏格兰前往爱尔兰的农民是一样的。他们说，"我们的祖先在苏格兰……受到残酷的压迫，不得不背井离乡来到了爱尔兰。如果爱尔兰也有压迫者，那我们就索性放弃这里土地。

我们要比祖父辈走得更远，去到美洲定居，在那里几乎可以免费获得大片土地"。就这样，农民的心已经离开了祖国，变成了"无根的草"。手册的作者的结论是，这种情况对英国社会而言，是更为严重的问题。

虽说如此，过去的人们是互相孤立的，缺乏外部世界的知识，所以不论怎样受虐待也没有形成"如洪水一般"的移民。可在过去半个世纪的时间里，对于苏格兰人来说，北美已经成为近在身边的地方，所以，"苏格兰已经变成与过去的任何时代都不一样的地方了"。以往的移民的来源"绝大多数都是来自海军水手和商船船员辈出的海岸地带、岛屿和大河流域（特别是高地地区）的，而且这些地方的人们都是年轻的时候出海，待年纪大了就会回到祖国，可如今的移民却是打算去美洲定居，开荒种地，直到老死在那里，所以，他们将不再回到自己的国家。

如此看来，该手册的作者所说的"封建制度"和"近年来的风气（或心境）"就是形成大英帝国核心的一部分却处于"落后"地位的苏格兰（或曰整个凯尔特地区）的特殊状况，而这种特殊状况就是苏格兰的特征。可以说，正因为他们的家乡"封建"且"落后"，所以无奈地成了大英帝国劳动力供给来源。然而，再看一下他们被赶出来的具体过程就明白，其背后还有圈地运动、酿酒业的发展等"工业化"原因。不过,同那些处于"世界体系"之外,提供奴隶作为劳动力的非洲相比,英国农民们的背景是完全不同的。而且,在这一点上,苏格兰即使与爱尔兰相比,情况也大不相同。

结　语

如果我们从南到北考察一下17、18世纪的英属北美殖民地，就会发现一个有趣的事实。从加勒比海地区（那里很早就发展起了本土化的蔗糖种植园，而且没有富裕的种植园主），到大陆南部的烟草殖民地（那里靠种强制劳动—白人契约劳工—支撑），直到新英格兰（因为那里没有"自由"劳动力，也就是没有大量出口到本国的经济作物），劳动力的管理形式逐渐变得越来越没有强制性，而且，这些差异显然源于有无固定产业及其产业性质的不同。坦南鲍姆(Tannenbaum)在关于北美和西印度群岛（主要是英属领地）的奴隶制与拉丁美洲的奴隶制的差异之争中强调了前者的严酷性。但如果我们不把视角局限于奴隶

结　语

制的比较，那么，E.威廉姆斯从奴隶制与砂糖这种特定产业的关系进行的研究，令人不得不佩服他独具慧眼。

伊曼努尔·沃勒斯坦[①]认为，在处于"世界经济"边缘位置的这个地区，不得不依靠某种意义上的"强制劳动"。可是，仅此一说却无法解释上述不同地区的差别。再者，沃勒斯坦所说的"边缘"的强制劳动者，例如非洲内陆的黑人，只有将他们从"近代世界体系"的外部带进体系中来才会有意义。可是，那样的话，从位于体系"中心"的英国弄来的白人契约劳工究竟作何解释？以烟草殖民地为中心的白人契约劳工制度显然与沃勒斯坦的理论是相反的，或者不如说白人契约劳工制是短命的，最终被黑人奴隶制取代。但笔者认为，其中存在着运用宏观理论无法解释的"物质"。破解这个"物质"的关键之一就在于烟草与砂糖的不同，烟草产业本身的特性与砂糖的差异是很显然的。

然而，在美利坚合众国，较之奴隶贸易和奴隶制度，并未发生激烈的反抗"契约劳工"的运动，因此，契

---

① 伊曼努尔·沃勒斯坦（Immanuel Wallerstein, 1930年—），美国社会学家，国际政治经济学家，世界体系理论的主要创始人。影响最大的著作是其耗费三十多年心血的《现代世界体系》（3 卷）（*The Modern World System*）。——译者注

约劳工移民就以独立战争为契机日渐衰微了。事实上，1831年"契约劳工"在法律层面上也完全消失了。1819年，一艘载着契约劳工的船驶入了费拉德尔菲亚港[①]，据说根本无人进行交易。另外，在加勒比海域，因为废除了奴隶制度，引入了许多类似契约劳工的亚裔"契约劳动者（contract labourer）"，为了区别于"契约仆人"（indentured servow）被称为"契约工人"（indentured labourer）。在美利坚合众国推行的体制则是不以新型"契约劳工"为主体，而是将自由民和被解放的黑人作为基础劳动力。但这样一来，在19世纪的美洲为什么还会有契约劳工制度存在呢？

首先，以弗吉尼亚为开端，从事单纯劳动的契约劳工已经从奴隶制度时代就被黑人取代了。据说甚至在马里兰，在独立战争时期那些被称为契约劳工的主体已经都是囚徒了（被强制的契约劳工）。因此，在18世纪中叶，宾夕法尼亚被认为是接收契约劳工移民的中心，不过，通常的说法是那些移民大多是德国人和爱尔兰人而非英格兰人。不过，根据本书所用的史料来看，来自英国的移民中契约劳工的占比并非很少。但是也有一种说法称，英国方面的

[①] 即费城（Philadelphia）。——译者注

结　语

"乘客法令（Passenger Acts）"规定要求保证一名乘客有5吨以上的舱位，结果导致运送者无利可图。后来，据说因为根据美国的同样法令，运送德裔契约劳工也无利可图了。

另一方面，1785年英国的法令禁止工匠海外移民，同时，作为监狱改革的一环，也禁止了债务原因的强制移民，因此，让熟练技术人员充当契约劳工几乎不可能存在了。加之拿破仑战争已经结束，1816年以后的船费大幅下降，因此，想要得到熟练技工就只有在那些自由的民众中进行挑选。

不过，契约劳工移民史的意义不仅局限在西半球劳工的供应问题，而且很鲜明地反映出当时英国的社会状态，说得再宏观一些，反映了发展过程中的大英帝国的特征。的确，契约劳工在美国社会发挥了"劳动者"的作用，受到了当地农场主的欢迎（但本书没有详谈移民到达美洲以后的实际状况）。然而，在英国方面，这些劳工的存在是社会的隐患，美洲殖民地被视为英国处理隐患的地方（救济院、监狱、孤儿院）。笛福早就说过："在这片殖民地可以直接处理掉不断增长的贫民人口，这些人以贫民之身出海，而后又以财主的身份回国。……甚至那些被判流放的重刑犯都是送到弗吉尼亚而非（受刑的）泰伯恩[①]。数千罪犯，摇身一变成了正人君子，成了有钱有势的种植园主或商人。"解决社会问题，最好是把问题推向殖民地，这种倾向在19世纪的英国仍然很强烈。尽管如此，出于某种原因，日本的英国近代史研究，除了经典的"帝国主义"研究之外，似乎很少采用这种对外关系的视角，即使在19世纪也是如此。这种情况在社会史研究上更为严重。如果社会史试图摆脱经济史或社会经济史的僵化，那么它就不应该仅仅集中于越来越小的国内群体，也不应该将其范围局限于分析一个国家内部的权力关系。

归根结底，在英国，向殖民地寻求解决一切问题的想法，不仅限于统治阶层。当圈地运动（苏格兰的"清洗人民"）的牺牲者面临危机并期待挽救自己的人生时，也没有完全将目光放在国内的新兴工业城市，而是将最后的落脚点选在了海外殖民地。早在1758年，政治数学家J.马斯就曾断言"即使来到伦敦，许多人也没能找到如愿的职业，这些人与其回到故乡成为别人的笑柄……他们选择了

[①] 泰伯恩（Tyburn），英国泰晤士河左岸小支流泰伯恩河边小镇。河西岸有米德尔塞克斯绞架（Middlesex Gallows），该河因此闻名。1300—1783年绞架所在地一直是刑场，由此，泰伯恩成了"刑场"的代名词。——译者注

结　语

参军、去农场或做了别的事情，否则就会加入强盗或扒手的行列"。马斯指出，最后的解决方法无非是采用同样强制契约劳工的方式将他们送往美洲。

这种将最后的落脚点选在美洲的倾向在19世纪的势头并未见减弱。例如，1850年，博爱主义者艾希礼（Ashley）勋爵和悉尼·哈弗受到因采访调查伦敦底层社会而知名的亨利·梅休（Mayhew）报告的刺激，他们打算将数千名贫民妇女送到奥塔利亚去，因为这些妇女从事的是被称为"血汗制度"中剥削程度较高的手工业。英国一方面从国内各地接收大量的移民，另一方面仍然保持着向美洲或英联邦（Commonwealth）输出移民的传统。本书开头提及的迪克特的考察结果是"英国百姓每家每户都有一个人去了海外"，从这一点来看，我们必须承认这一结果深刻地揭示了近代英国社会的特质。哪怕在几百年后的今日，这种"血汗制度"也仍然没有绝迹，而是改变了些许形式，始终存在在社会生活中。

近代英国的条条小巷都是通向帝国大道的。

参考文献

A Candid Historical Account of the Hospital for the Reception of Exposed and Deserted Young Children, 1760.

A Foreign View of England in the Reigns of George I & George II: The Letters of Monsieur Cesar de Saussure to His Family, trans.and ed.by M.van Muyden, 1902.

A French Sociologist Looks at Britain, translated by B.M.: Ratclie and W.H.Chaloner, 1977.

A Journal of Eight Days Journey from Portsmouth to Kingston upon Thames: through Southampton, Wiltshire etc., vol.2, 1757.

A Memoir of Robert Blincoe, An Orphan Boy, 1832.

A Proclamation to restraine the Kings Subjects from Departing out of the Realme without Licence in *Stuart Royal Procramations* ed.by J.F.Larkin, 1983.

A.D.Gayer, W.W.Rostow & A.J.Schwartz, *The Growth and Fluctuation of the British Economy, 1790-1850*, 1975.

A.E.Smith, *Colonists in Bondage: White Servitude and Convict Labor in America 1607-1776*, (1947) 1971.

A.H.Dodd, *The Character of Early Welsh Emigration to the United States*, 1953.

A.J.Christopher, *The British Empire at Its Zenith*, 1988.

A.Kussmaul, *Servants in Husbandry in Early Modern England*, 1981.

A.L.Beier, *Masterless Men: The Vagrancy Problem in England 1560-1640*, 1985.

A.R.Ekirch, *Bound for America: The Transportation of British Convicts to the Colonies, 1718-1775*, 1987.

A.Temple Patterson, *The Naval Mutiny at Spithead 1797,* The Portsmouth Papers, 1968.

A.Wilson, Illegitimacy and its Implications in Mid-eighteenth Century London: the Evidence of the Foundling Hospital, *Continuity and Change*, vol.4, 1989.

A.Young, *General View of the Agriculture of the County Norfolk*, 1804.

An Account of the Marine Society, Recommending the Piety of Institution, and Pointing out the Advantages Accuring to the Nation, 1759.

An Essay towards Establishing Some Undertakings, for the Employment of Soldiers and Seamen, Who Will be Discharged on the Approaching Peace, *Gentleman's Magazine*, 1748.

Annual Register, 1762.

Annual Register, 1763.

Annual Register, 1770.

Annual Register, 1776.

A General Description of All Trades Digested in Alphabetical Order, 1747.

B.A.Holderness, Personal Mobility in Some Rural Parishes of Yorkshire, 1777-1822 *Yorkshire Archaeological Journal*, vol.XLII, 1971.

B.Weisbrod, How to become a Good Foundling in Early Victorian London, *Social History*, vol.10, 1985.

Barlows Journal of His Life at Sea in Kings Ships, East and West Indiamen and Other Merchantmen from 1659 to 1703, 1934.

Bosweirs London Journal, 1762-1763, Penguin Books, 1966.

C.Bridenbaugh, *Vexed and Troubled Englishmen 1590-1642,*1968.

C.C.Coleman, Labour in the English Economy of the Seventeenth Century, *Econ.Hist.Rev.*, 1956.

C.Erickson, Why Did Contract Labour Not Work in the Nineteenth Century United States?, in S.Marks & P.Richardson, eds., *Studies in International Labour Migration*, 1983 .

C.Gill, *The Naval Mutinies of 1797*, 1913.

C.K.Hyde, *Technological Change and the British Iron Industry, 1700-1800*, 1977.

C.Morsley, *News from the English Countryside 1750-1850*, 1979.

C.Varley, *Unfortunate Husbandman*, edited by D.Clarke, 1964.

C.Varley, *The Unfortunate Husbandman*, 1964.

C.W.Chalklin, *Seventeenth Century Kent*,1965.

Ch.Lloyd, *The British Seaman, 1200-1868: A Social Servey*, 1968.

Cobbetfs Parliamentary History of England, vol.XI, columns 428-429.

Cobbetts Parliamentary History of England, vol.XI, columns 415-427.

D.A.Baugh, *British Naval Administration in the Age of Walpole*, 1965.

D.C.Coleman, *Naval Dockyards under the Later Stuarts,* 1953-1954.

D.Hay, Property, Authority and the Criminal Law, in D.Hay, P.Linebaugh, et al.,*Albions Fatal Tree: Crime and Society in Eighteenth-Century England*, 1975.

D.Hay, War, Dearth and Theft in the Eighteenth Century: The Records of English Courts, *Past and Present*, no.95, 1982.

D.Levine, The Demographic Implications of Rural Industrialization: A Family Recon-stitution Study of Shephed, Leicestershire, 1600-1850, *Social History*, vol.2, 1976.

D.Marshall, The Domestic Servants of the Eighteenth Century, *Economica*, 1929.

D.Marshall, *The English Domestic Servant in History*, (1948) 1969.

D.N.Doyle, *Ireland, Irishmen and Revolutionary America, 1760-1820*, 1981.

D.Souden, Rougues, Whores and Vagabonds?: Indentured

Servant Emigrants, *Social History*, vol.3, 1978.

D.V.Glass, *Numbering the People:The Eighteenth-Century Population Controversy and the Development of Census*, 1973.

D.V.Glass, Socio-economic Status and Occupations in the City of London at the End of the Seventeenth Century, in A.E.J.Hollander and W.Kellaway, eds., *Studies in London History*, 1969.

D.Vincent, *Bread, Knowledge & Freedom: A Study of Nineteenth-Century Working Class Autobiography*, 1981.

D.W.Galenson, Middling People or Common Sort? : The Social Origins of Some Early Americans Reexamined, *William and Marjy Quarterly*, vol.35, 1978.

D.W.Galenson, The Rise and Fall of Indentured Servitude in the Americas: An Economic Analysis, *Journal of Econ.Hist.*, 1984.

E.C.Cannadine & D.Reeder, eds. *Exploring the Urban Past: Essays in urban history by H.J.Dyos*, 1982.

E.Chamberlayne, *Angliae Notitia or the Present State of England*, 1669.

E.F.Heckscher, *Merccmtilism*, vol.II, 1955.

E.P.Thompson, Mayhew and the Morning Chronicle, in Thompson & E.Yeo, eds., *The Unknown Mayhew*, 1971.

E.P.Thompson, *The Making of the English Working Class*, 1965.

E.Richards, *A History of the Highland Clearances, vol.2: Emigration, Protest, Reasons*, 1985.

F.W.Brooks, Naval Recruiting in Lindsey, 1795-1797, *Eng. Hist.Rev.*, vol.43, 1928.

F.Lewis, The Cost of Convicts Transportation from Britain to Australia, 1796-1810.*Econ.Hist.Rev*, no.4, 1988.

G.A.Williams, *Madoc: The Making of a Myth*, 1979.

G.E.Manwaring & Bonamy Dobree, *Mutiny: The Floating Republic* (1935), 1987.

G.L.Shaw, *Convicts and Colonies: A Study of Penal Transportation from Great Britain and Ireland to Australia and other Parts of the British Empire*, 1966.

G.Miege, *The Present State of Great Britain*, in *Aristocratic Government and Society in Eighteenth-Century England*, edited by D.A.Baugh, 1974.

Gentleman's Magazine, 1749.

Gentleman's Magazine, 1755.

Gentleman's Magazine, 1756.

Gentleman's Magazine, 1757.

Gentleman's Magazine, 1758.

Gentleman's Magazine, 1762.

Gentleman's Magazine, 1763.

H.A.Gemery, Emigration from the British Isles to the New World, 1630-1700: Inferences from Colonial Populations, *Research in Economic History*, vol.5, 1980.

H.A.Innis ed., *Select Documents in Canadian Economic History, 1497-1783*, 1929.

H.E.& K.R.Fussell, *The English Countryman*, 1955 (1981).

H.G.Graham, *The Social Life of Scotland in the Eighteenth Century*, (1899) 1969.

H.Hamilton, *An Economic History of Scotland in the Eighteenth Century*, 1963.

H.I.Cowen, *British Emigration to British North America 1783-1837*.1928.

H.J.Chester, *Statute Fairs: Their Evils and their Remedy*, 1856.

H.Krausman Ben Amos, Service and the Comming of Age of Young Men in Seven- teenth-Century England,*Continuity & Change*, vol.3.

H.Whistler, *Voyage to the West Indies*, 1654.

Hassel Smih, Labourers in Late Sixteenth-century England a Case Study from North Norfolk, *Continuity and Change*, vol.4, 1989.

Hecht, *Continental and Colonial Servants in Eighteenth Century England*, 1954.

J.A.Picton, *Memorials of Liverpool*, vol.1, 1873.

J.C.Hotten, *The Original Lists of Persons of Quality; Emigrants; Religious Exiles; Political Rebels; Serving Men for a Term of Years; Apprentices; Children Stolen; Maidens Pressed; And Others Who Went from Great Britain to the American Plantations 1600-1700*, (1880) 1969.

J.Godber, *History of Bedfordshire*, 1984.

J.H.Langbein, Albions Fatal Flaws, *Past and Present*, no.98, 1983.

J.Robin and P.Laslett, eds., *Forms in Historic Europe*, 1983.

J.Hutchins, *The History and Antiquities of the County of Dorset*, 1861-1870 reprinted in 1973.

J.J.Hecht, *The Domestic Servant in Eighteenth - Century England*, (1956) 1980.

J.J.Sheahan, *General and Concise Histrory and Description of the Town and Port of Kingston upon Hull*, 1864.

J.Latimer, *The Annales of Bristol in the Eighteenth Century*, vol.2, (1893) 1970.

J.M.Beattie, Crime and Courts in Surrey, 1736-1753, in J.S.Cockburn ed., *Crime in England, 1550-1800*, 1977.

J.M.Beattie, *Crime and the Courts in England 1660-1800*, 1986.

J.M.Beattie, Crime and the Courts in Surrey, 1736-1753, in J.S.Cockburn ed., *Crime in England, 1550-1800*, 1977.

J.M.Bumsted, *The Peoples Clearance: Highland Emigration to British North America 1770-1815*, 1982.

J.Massie, *A Plan for the Establishment of Charity Houses for exposed or deserted Women and Girls.*, 1758.

J.P.Greene and J.R.Pole, eds., *Colonial British America*, 1984.

J.R.Hutchinson, *The Press Gang: Afloat and Ashore*, 1913.

J.S.Bromley, Away from Impressment: The Idea of a Royal Naval Reserve.1696-1859.in A.C.Duke and C.A.Tamse, eds., *Britain and The Netherlands*, 1977.

J.S.Taylor, *Jonas Hanway, Founder of the Marine Society: Charity and Policy in Eighteenth-Century Britain*, 1985.

J.S.Bromley ed.*The Manning of the Royal Navy: Selected Public Pamphlets 1693-1873*, 1974.

J.Thirsk, *Economic Policy and Projects: The Development of a Consumer Society in Early Modern England*, 1978.

J.Waring, Migration to London and Transatlantic Emigration of Indentured Servants, 1683-1775, *Journal of Hist Geography*, vol.7 no.4, 1981.

John Evanss Mission to the Madgwys, 1792-1799, *Bulletine of the Board of Celtic Studies*, vol.XXVII.1978.

Journal of the Royal Agricultural Society of England, vol. X,1849.

K.D.M.Snell & J.Miller, Lone-Parent Families and the Welfare State: Past and Present, *Continuity & Change*, vol.2, no.3.

K.D.M.Snell, *Annals of the Labouring Poor*, 1985.

K.T.Meaby ed., *Nottinghamshire: Extracts from the County Records of the Eighteenth Century*, no date.

Kussmaul, *The Diary of A County Parson, J.Woodforde*, edited by J.Beresford, 1981.

L.Bonfield et al., eds., *The World We Have Gained*, 1986.

L.Forner & E.D.Genovese, eds., *Slavery in the New World: A Reader in Comparative History*, 1969.

L.Neal, Interpreting Power and Profit in Economic History: A Case Study of the Seven Years War, *Journ.of Econ.Hist.*, XXXVII,

1977.

L.Neal, Interpreting Power and Profit in Economic History: A Case Study of the Seven Years War, *Jour.of Econ.Hist.*, vol. XXXVII, 1977.

L.Radzinowicz, *A History of English Criminal Law and Its Administration from 1750*, vol.1, 1948.

L.Weatherill, *The Pottery Trade and North Staordshire 1600-1760*, 1971.

M.Campbell, English Emigration on the Eve of the American Revolution.*A.H.R.*, vol.LXI, 1955.

M.Campbell, *William and Mary Quarterly*, vol.36, 1979.

M.Campbell, English Emigration on the Eve of the American Revolution, *A.H.R.*, vol.61, 1955.

M.Hechter, *Iternal Colonialism: The Celtic fringe in British National Development, 1536-1966*, 1975.

M.K.McIntosh, Servants and the Household Unit in an Elizabethan English County, *Jour, of Family Hist.*, vol.9, 1984.

M.Lewis, *A Social History of the Navy 1793-1815*, 1960.

M.Tepper eds., *New World Immigrants: A Consolidation of Ship Passenger Lists and Associated Data from Periodical Literature.*, 1980。

M.W.Jernegan, *Laboring and Dependent Classes in Colonial America 1607-1783*, 1931.

M.8L J.Kaminkow eds., *Original Lists of Emigrants in Bondage from London to the American Colonies* 1719-1744, 1981.

N.A.M.Rodger, *The Wooden World: An Anatomy of the Georgian Navy*, (1986)1988, app.IV.

N.C.Landsman, *Scotland and Its First American Colony 1683-1765*, 1985.

Ned Ward, *The Lomdon Spy* (written in 1703), 1927.

North Riding Naval Recruits: The Quota Acts and the Quota Men, 1795-1797, North Yorkshire County Rec.Oice.Publications, no.18, Document 9, edited by C.Emsley, 1978.

Nottinshamshire: Extracts from the County Records of the Eighteenth Century, edited by K.T.Meaby, no date.

P.C.Emmer ed., *Colonialism and Migration: Indentured Labour Before and After Slavery*, 1986.

P.Hoon, *William Marshall (1745-1818) and the Georgian Countryside*, 1982.

P.Laslett, *Family Life and Illicit Love in Earlier Generations*, 1977.

P.Spierenburg, Model Prisons, Domesticated Elites and the

State: The Dutch Republic and Europe, G.Rystad ed., *Europe and Scandinavia: Aspects of the Process of Integration in the 17th Century*, 1983.

P.Spuord, Population Mobility in Pre-Industrial England, *Genealogists Magazine*, vol.17, no.8, 1973.

P.W.Filby eds., *Passenger and Immigration Lists Index*, 3 vols, Detroit, 1981.

P.Edwards, *The Horse Trade and Stuart England*, 1988.

Ph.MacDougall, *Royal Dockyards*, 1982, chap.7; R.N.Worth, *History of Plymouth*, 1890.

Q.Clark, Migration in England during the Late Seventeenth and Early Eighteenth Centuries, *Past & Present*, no.83, 1979.

R.Brooke, *Liverpool As It Was during the Last Quater of the Eighteenth Century, 1775-1800*, 1853.

R.Campbell, *The London Tradesman* (1747), 1969.

R.Dunn, Servants and Slaves: The Recruitment and Employment of Labor, in J.P.Greene and J.R.Pole, eds., *Colonial British America: Essays in the New History of the Early Modern Era*, 1984.

R.Gough, *The History of Myddle*, written in 1700-1706, edited by P.Razzell, 1979.

R.J.Dickson, *Ulster Emigration to Colonial America 1718-1775*, 1966.

R.K.McClure, *Corams Children: The London Found ling Hospital in the Eighteenth Century*, 1981.

R.Price, *An Essay on the Population of England ...*, 2nd ed., 1780.

R.Price, *An Essay on the Population of England from the Revolution to the Present Time*, 2nd ed., 1780.

R.Price, *Observations on Reversionary Payments ...*, 3rd ed., 1773.

R.S.Schofield, Age-Specific Mobility in an Eighteenth-Century Rural English Par-ish *Annales de demographie historique*, 1970, reproduced in P.Clark and D.Souden eds., *Migration & Society in Early Modern Rngland*, 1987.

R.Samuel ed., *Village Life and Labour*, 1975.

R.Wall, Reai Property, Marriage and Children: the Evidence from Four Pre-industrial Communities, in R.M.Smith ed., *Land, Kinship and Life-cycle*, 1984.

R.Wall, The Age at Leaving Home, *Journal of Family History*, vol.3, 1978.

S.Gradish, *The Manning of the British Navy during the Seven*

Years War, Publication of the Royal Historical Society, 1980.

S.Nicholas and P.R.Shergold, Internal Migration in England 1818-1839, *Journal of Hist.Geography*, vol.S 13, no.2, 1987.

S.Nicholas ed., *Convict Workers: Reinterpreting Australias Past*, 1988.

Salerno, The Social Background of the Seventeenth-Century Emigration to America, *Jour of British Studies*, 1979.

Serious Considerations on the Salutary Design of the Act of Parliament for a Regular, Uniform Register of the Parish Poor in all the Parishes within Bills of Mortality, 1762.

T.M.Devine, Highland Migration to Lowland Scotland 1760-1860, *Scottish Historical Review*, LXII-2, 1984.

The Diary of A County Parson, J.Woodforde, vol.IV.

The Diary of Abigail Gawthem of Nottingham 1751-1810, 1980.

The Diary of John Evelyn ed.by de Beer, O.U.P.edition, vol.II, 1955.

The Diary of Sylas Neville, 1767-1788, 1950 ed.by B.Cozens-Hardy.

The Minute of Agriculture, 10th Oct., 1774.

The Newcastle Chronicle, 14 Nov., 1779, in *News from the*

English Countryside, 1750-1850, edited by C.Morsley, 1979.

The Oxford Journal, 26 April, 1755, in *News from the English Countryside, 1750-1850*, edited by C.Morsley, 1979.

Three Letters on the Subject of the Marine Society, 1758.

Transcript of Three Registers of Passengers from Great Yarmouth to Holland and New England 1637-1639, *Norfork Record Society,* 1954.

U.R.Henriques, *Before the Welfare State: Social Administration in Early Industrial Britain*, 1979.

V.Simpson, Servant and Service in Eighteenth Century, Town and Country, *Cornhill Magazine*, vol.14, 1903.

W.Berkeley, *A Discourse and View of Virginia*.1662, both cited in D.W.Galenson, *White Servitude in Colonial America: An Economic Analysis*, 1981.

W.Brakenridge, in *Philosophical Transactions of the Roy. Soc.*,vol.48.

W.J.Fletcher, *The Nineteenth Century and After*, no.297, 1901.

W.L.Clowes, *The Royal Navy: A History from the Earliest Times to the Present,* vol.III, 1898.

W.Marshall, *Rural Economy of the Midland Counties*, vol.2, 1796.

W.Marshall, *Rural Economy of the West of England*, vol.1, 1796.

W.Marshall, *The Minutes of Agriculture*, 1778.extraction in P.Horn ed., *William Marshall and the Georgian Countryside*, 1982.

W.Notestein, *The English People on the Eve of Colonization*, 1954.

Wm Eddith ed., *Letters from America: Historical and Descriptive*, 1792.

Wm Owen, *An Authentic Account Published by the Kings Authority of All the Fairs in England and Wales*, 1756.

D.デフォー、山下幸夫・天川潤次郎訳『イギリス経済の構図』東京大学出版会、一九七五年。

E.ウィリアムズ、川北稔訳『コロンブスからカストロまでⅡ―カリブ海域史 1492―1969』岩波書店、一九七八年。

J.チャイルド、杉山忠平訳『新交易論』東京大学出版会、一九六七年。

三好洋子訳『消費社会の誕生』東京大学出版会、一九八四年。

川北稔・指昭博・山本正訳『われら失いし世界』三嶺書房、一九八六年。

R.ハクルート、越智武臣訳「西方植民論」『イギリス

の航海と植民（2）』大航海時代業書Ⅱ、岩波書店、一九八三年。

坂巻清『イギリス・ギルド崩壊史の研究—都市史の底流』有斐閣、一九八七年。

池本幸三『近代奴隷制社会の史的展開』ミネルヴァ書房、一九八七年。

川北稔『工業化の・史的前提—帝国とジェントルマン』岩波書店、一九八三年。

川北稔「穀物・キャラコ・資金の国際移動」『世界史への問い』第三巻、岩波書店、一九九〇年。

高島進『イギリス社会福祉発達史論』シネルヴァ書房、一九七九年。

和田光弘「メリーランド植民地の展開—労働力展開を軸として」『西洋史学』一四三号、一九八六年。

栗原福也「東インドへの船上にて——その一」『東京女子大学社会学会紀要』一七号、一九八九年。

森本真美「一九世紀中葉期イギリスにおける少年犯罪者問題—「感化」のシステムの成立」（未刊行修士論文・大阪大学）による。

湯村武人『十六-十九世紀の英仏農村における農業年雇の研究』九州大学出版会、一九八四年。

参考文献

　新井嘉之「スコットランド先進地域における農業近代化の一段階」『社会経済史』四四巻二号、一九七八年。
　椎名重明「近代イギリスの家族と世帯」『家族史研究』5、大月書店、一九八二年。